나를 찾아 떠나는
인생 기록

추억의 나무
Q&A

🌿 도서 이용방법

🌿 '친구'에 관한 생각나무

제시된 단어를 보고 떠오르는 생각이나 느낌을 적어주세요.

수련회 · 짝꿍 · 격려 · 꿈

편안함 · 든든함 · 고민상담

단짝 · 죽마고우

동네 · 학교

별명 · 우정

친구

1 나무에 제시된 단어를 보고 연관되거나 떠오르는 단어를 잎사귀에 적어보세요.

2 꼭 연관된 단어만이 아닌 떠오르는 생각이나 느낌을 적으셔도 좋습니다.

3 주어진 칸이 부족하면 여백에 잎사귀와 가지를 새로 그려 넣어 작성해 주세요.

01 어린 시절 친했던 친구의 이름은 무엇이고, 주로 무엇을 하며 놀았나요?

초·중·고등학교를 같이 나온 안OO이라는 친구가 생각이 나네요. 그 친구랑은 종교도 같아서 주말에는 같이 성당도 다니고 평일에는 놀이터에서 자주 같이 놀았어요. 성인이 되어서도 비슷하게 군대도 다녀오고 같이 여행도 다녔었죠.

02 친구와 함께했던 가장 기억에 남는 순간에 대해서 얘기해주세요.

중학교 때 갔던 수련회에서 취침시간에 반 친구들이랑 다 같이 떠들다가 교관님에게 걸려서 단체기합을 받던 순간이 생각납니다. 몸은 힘들었지만 같이 기합 받다가도 서로 웃고 재밌는 기억이었어요.

03 앞에서 작성한 친구에 대한 생각나무를 토대로 떠오르는 일화나 추억을 자유롭게 적어주세요.

야간 자율학습시간에 반 친구들이랑 다 같이 도망쳐서 축구를 한 것이 생각납니다. 안 걸리게 잘 도망쳤다고 생각했는데 학생주임 선생님께 걸려서 단체로 혼나고 야간 자율학습하러 끌려갔거든요. 그때는 그게 얼마나 재미있었는지.

 예시 그림처럼 생각나무의 단어와 연관된 질문을 보고 그에 따른 답변과 떠오르는 추억 및 일화를 작성해주세요!

 정해진 형식이나 틀이 없으므로 자유롭게 나의 이야기를 작성해주세요!

PART 1

나의 어린 시절 이야기

'이름'에 관한 생각나무

제시된 단어를 보고 떠오르는 생각이나 느낌을 적어주세요.

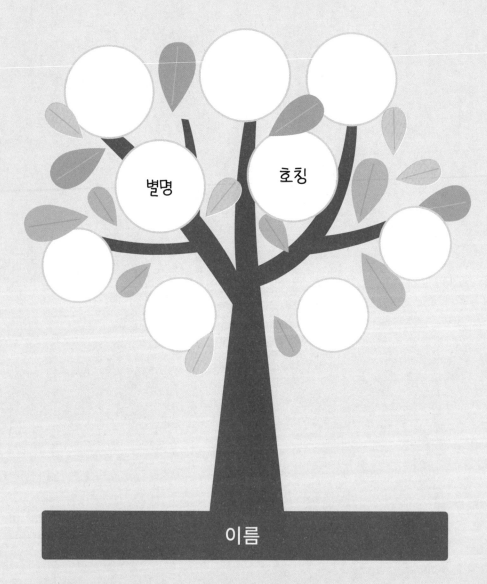

별명

호칭

이름

Q1 어린 시절 별명은 무엇이고 어떤 계기로 생겼나요?

....

....

....

....

Q2 이름이나 별명과 관련된 추억이 있다면 무엇인가요?

....

....

....

....

Q3 앞에서 작성한 이름에 대한 생각나무를 토대로 떠오르는 일화나 추억을 자유롭게 적어주세요.

....

....

....

....

'형제자매'에 관한 생각나무

제시된 단어를 보고 떠오르는 생각이나 느낌을 적어주세요.
(형제자매가 없는 경우 사촌, 애착인형 등으로 바꿔서 적어주세요.)

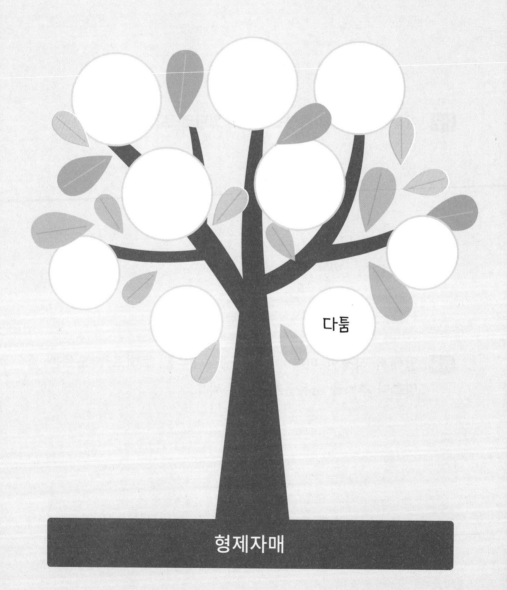

다툼

형제자매

Q1 내가 기억하는 나의 형제, 자매는 어떤 사람이었나요?

....

....

....

....

Q2 **Q1**에서 생각한 사람들과 관련된 일화를 얘기해주세요.

....

....

....

....

Q3 앞에서 작성한 형제자매에 대한 생각나무를 토대로 떠오르는
일화나 추억을 자유롭게 적어주세요.

....

....

....

....

'집'에 관한 생각나무

제시된 단어를 보고 떠오르는 생각이나 느낌을 적어주세요.

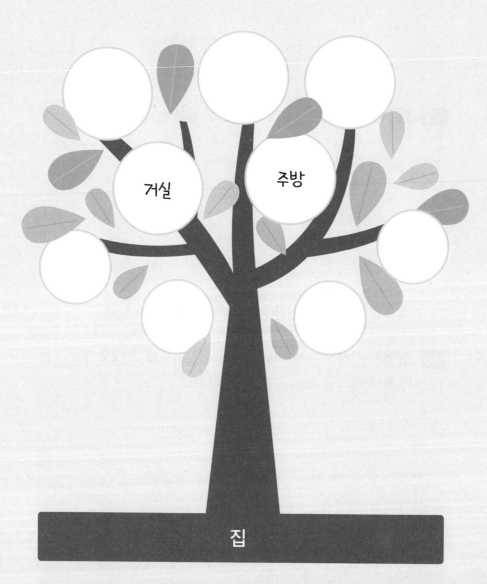

거실

주방

집

Q1 어린 시절 내가 살던 집은 어떻게 생겼나요?

....
....
....
....

Q2 **Q1**에서 묘사한 집을 생각하면 어떤 기분이 드나요?

....
....
....
....

Q3 앞에서 작성한 집에 대한 생각나무를 토대로 떠오르는 일화나 추억을 자유롭게 적어주세요.

....
....
....
....

'음식'에 관한 생각나무

제시된 단어를 보고 떠오르는 생각이나 느낌을 적어주세요.

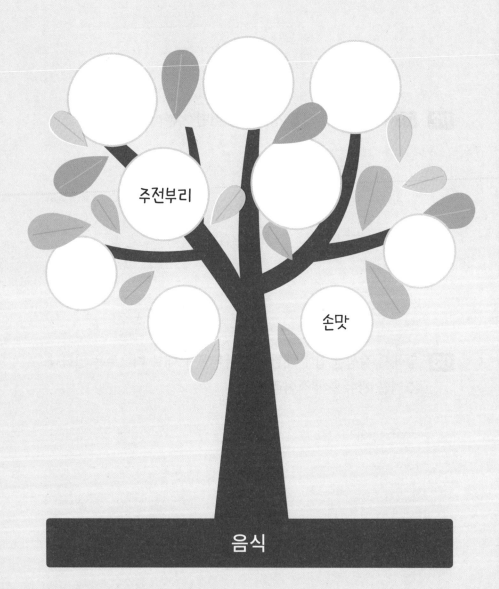

주전부리

손맛

음식

Q1 어린 시절 좋아했던 음식들은 무엇인가요?

....

....

....

....

Q2 좋아했던 음식을 떠올리면 기억나는 추억이나 일화를 얘기
해주세요.

....

....

....

....

Q3 앞에서 작성한 음식에 대한 생각나무를 토대로 떠오르는
일화나 추억을 자유롭게 적어주세요.

....

....

....

....

'TV 프로그램'에 관한 생각나무

제시된 단어를 보고 떠오르는 생각이나 느낌을 적어주세요.

음악

개그

드라마

TV 프로그램

Q1 어린 시절 본 TV 프로그램 중 기억에 남는 프로그램은 무엇인가요?

....

....

....

....

Q2 **Q1**에서 생각한 TV 프로그램과 관련된 추억이나 일화를 얘기해주세요.

....

....

....

....

Q3 앞에서 작성한 TV 프로그램에 대한 생각나무를 토대로 떠오르는 일화나 추억을 자유롭게 적어주세요.

....

....

....

....

'극장'에 관한 생각나무

제시된 단어를 보고 떠오르는 생각이나 느낌을 적어주세요.

영화

매표소

극장

Q1 처음으로 극장에 가본 것은 언제인가요? 또, 누구와 함께였나요?

....
....
....
....

Q2 극장에서 본 영화 중 가장 기억에 남는 영화는 무엇인가요?

....
....
....
....

Q3 앞에서 작성한 극장에 대한 생각나무를 토대로 떠오르는 일화나 추억을 자유롭게 적어주세요.

....
....
....
....

'동네'에 관한 생각나무

제시된 단어를 보고 떠오르는 생각이나 느낌을 적어주세요.

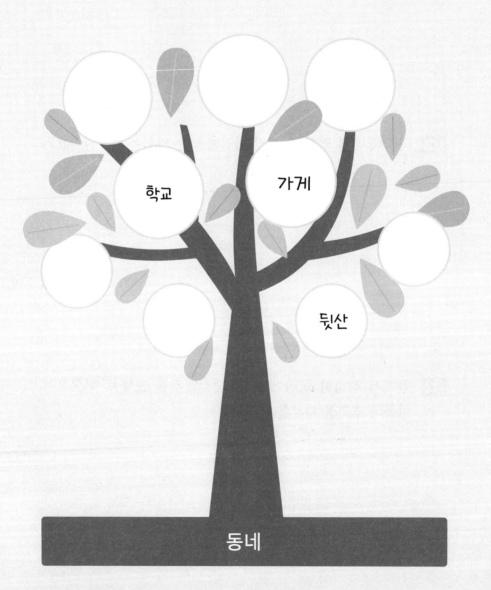

학교

가게

뒷산

동네

Q1 어린 시절 내가 살던 동네를 생각하면 무엇이 떠오르나요?

....
....
....
....

Q2 **Q1**에서 떠올린 동네에는 어떤 특징들이 있었나요?

....
....
....
....

Q3 앞에서 작성한 동네에 대한 생각나무를 토대로 떠오르는 일화나 추억을 자유롭게 적어주세요.

....
....
....
....

'놀이'에 관한 생각나무

제시된 단어를 보고 떠오르는 생각이나 느낌을 적어주세요.

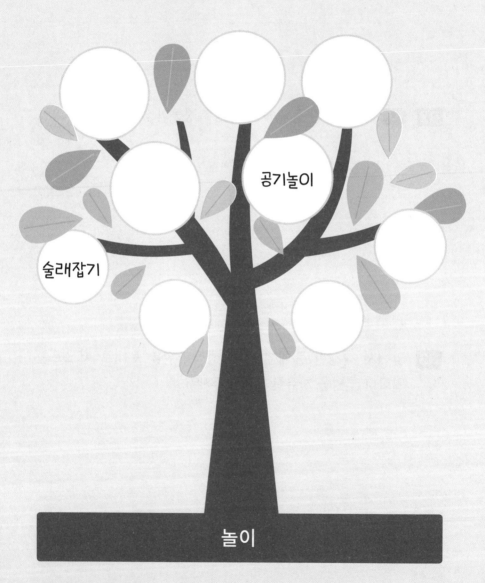

공기놀이

술래잡기

놀이

Q1 어린 시절 유행하던 놀이는 무엇인가요?

....

....

....

....

Q2 어린 시절 친구들과 즐겨하던 놀이는 무엇인가요? 그에 얽힌 추억도 얘기해주세요.

....

....

....

....

Q3 앞에서 작성한 놀이에 대한 생각나무를 토대로 떠오르는 일화나 추억을 자유롭게 적어주세요.

....

....

....

....

'운동'에 관한 생각나무

제시된 단어를 보고 떠오르는 생각이나 느낌을 적어주세요.

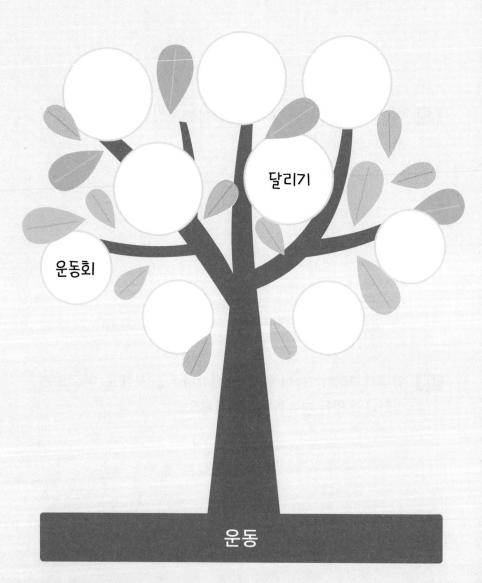

달리기

운동회

운동

Q1 어린 시절 좋아했던 운동은 무엇인가요?

....

....

....

....

Q2 **Q1**에서 생각한 운동을 좋아했던 이유는 무엇인가요?

....

....

....

....

Q3 앞에서 작성한 운동에 대한 생각나무를 토대로 떠오르는 일화나 추억을 자유롭게 적어주세요.

....

....

....

....

'반려동물'에 관한 생각나무

제시된 단어를 보고 떠오르는 생각이나 느낌을 적어주세요.
(반려동물과 함께한 경험이 없다면 반려식물이나 동네 고양이 등
추억의 동식물로 적어주세요.)

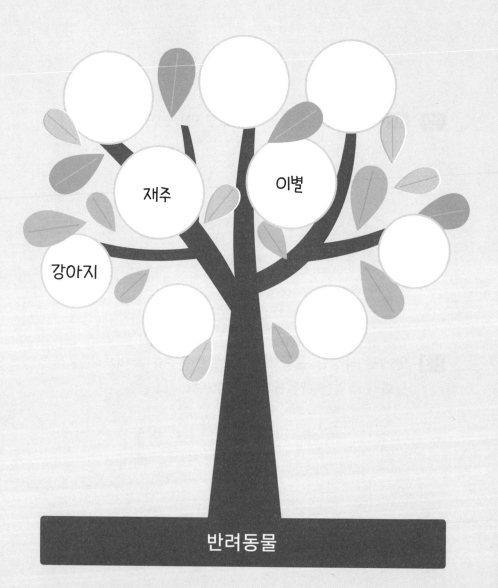

Q1 어린 시절 키웠던 반려동물이 있다면 무엇인가요? 이름도 알려주세요!

....

....

....

....

Q2 어떠한 계기로 반려동물을 키우게 되었나요?

....

....

....

....

Q3 앞에서 작성한 반려동물에 대한 생각나무를 토대로 떠오르는 일화나 추억을 자유롭게 적어주세요.

....

....

....

....

'공포'에 관한 생각나무

제시된 단어를 보고 떠오르는 생각이나 느낌을 적어주세요.

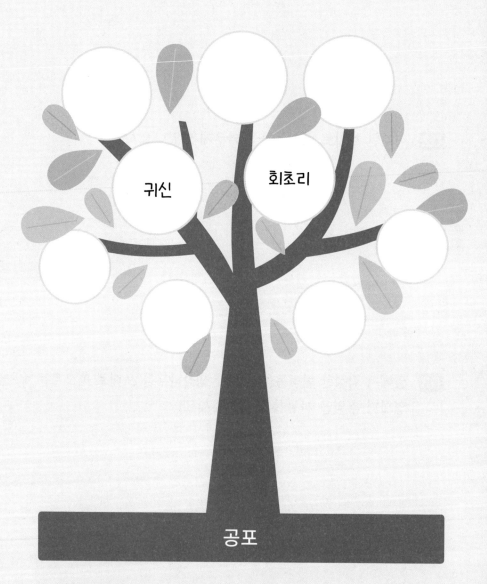

귀신

회초리

공포

Q1 어린 시절 가장 무서워했던 것은 무엇인가요?

....

....

....

....

Q2 **Q1**에서 생각한 것을 무서워했던 이유가 있나요?

....

....

....

....

Q3 앞에서 작성한 공포에 대한 생각나무를 토대로 떠오르는
일화나 추억을 자유롭게 적어주세요.

....

....

....

....

'친구'에 관한 생각나무

제시된 단어를 보고 떠오르는 생각이나 느낌을 적어주세요.

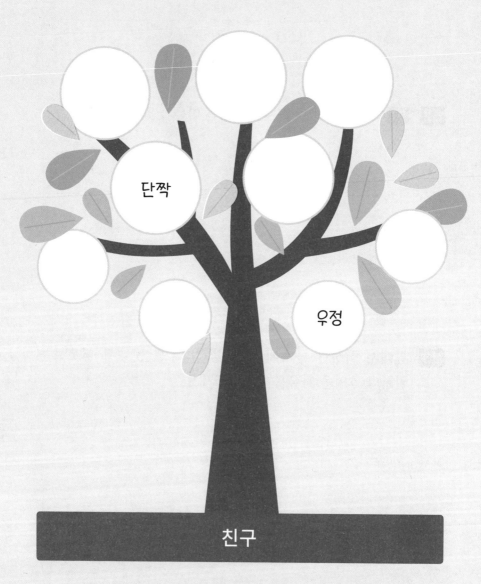

단짝

우정

친구

Q1 어린 시절 친했던 친구의 이름은 무엇이고, 주로 무엇을 하며
놀았나요?

....

....

....

....

Q2 친구와 함께했던 가장 기억에 남는 순간에 대해서 얘기해주
세요.

....

....

....

....

Q3 앞에서 작성한 친구에 대한 생각나무를 토대로 떠오르는
일화나 추억을 자유롭게 적어주세요.

....

....

....

....

'학교'에 관한 생각나무

제시된 단어를 보고 떠오르는 생각이나 느낌을 적어주세요.

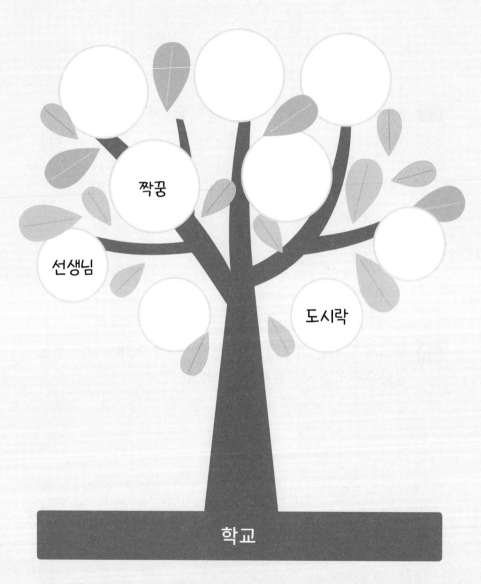

짝꿍

선생님

도시락

학교

Q1 학창 시절 기억에 남는 선생님 성함은 무엇인가요? 또, 왜 기억에 남았나요?

....

....

....

....

Q2 학창 시절 좋아했던 수업과 좋아하게 된 이유를 알려주세요.

....

....

....

....

Q3 앞에서 작성한 학교에 대한 생각나무를 토대로 떠오르는 일화나 추억을 자유롭게 적어주세요.

....

....

....

....

'공부'에 관한 생각나무

제시된 단어를 보고 떠오르는 생각이나 느낌을 적어주세요.

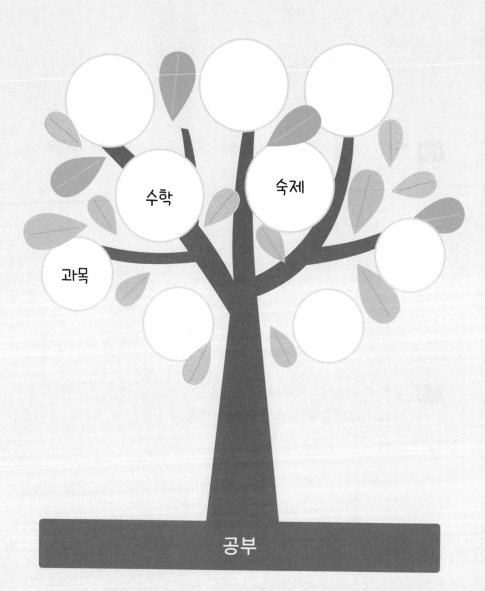

수학

숙제

과목

공부

Q1 숙제를 하지 않아서 받았던 체벌이 있나요? 있다면 무엇이 떠오르나요?

....

....

....

....

Q2 공부를 하기 싫어서 했던 특별한 행동이 있다면 알려주세요.

....

....

....

....

Q3 앞에서 작성한 공부에 대한 생각나무를 토대로 떠오르는 일화나 추억을 자유롭게 적어주세요.

....

....

....

....

'방학'에 관한 생각나무

제시된 단어를 보고 떠오르는 생각이나 느낌을 적어주세요.

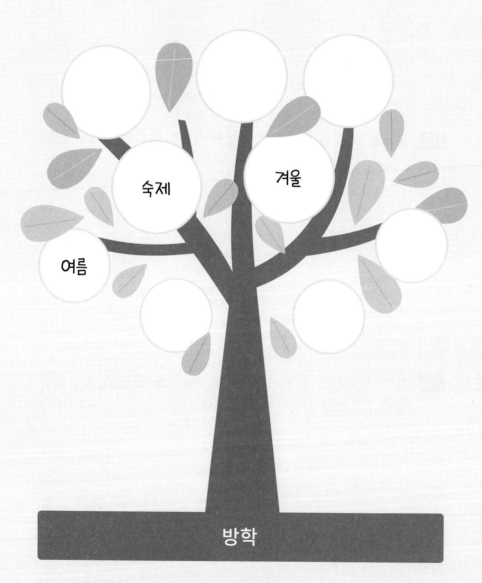

숙제

겨울

여름

방학

Q1 학교 방학 기간에는 무엇을 하며 보냈나요?

....
....
....
....

Q2 방학 중 가장 기억에 남는 일은 무엇인가요?

....
....
....
....

Q3 앞에서 작성한 방학에 대한 생각나무를 토대로 떠오르는
일화나 추억을 자유롭게 적어주세요.

....
....
....
....

'선물'에 관한 생각나무

제시된 단어를 보고 떠오르는 생각이나 느낌을 적어주세요.

어린이날

생일

선물

Q1 어린 시절 가장 받고 싶었던 선물은 무엇인가요?

....

....

....

....

Q2 어린 시절 받았던 선물 중에 좋았던 혹은 기억에 남는 선물은
무엇인가요?

....

....

....

....

Q3 앞에서 작성한 선물에 대한 생각나무를 토대로 떠오르는
일화나 추억을 자유롭게 적어주세요.

....

....

....

....

'가족여행'에 관한 생각나무

제시된 단어를 보고 떠오르는 생각이나 느낌을 적어주세요.

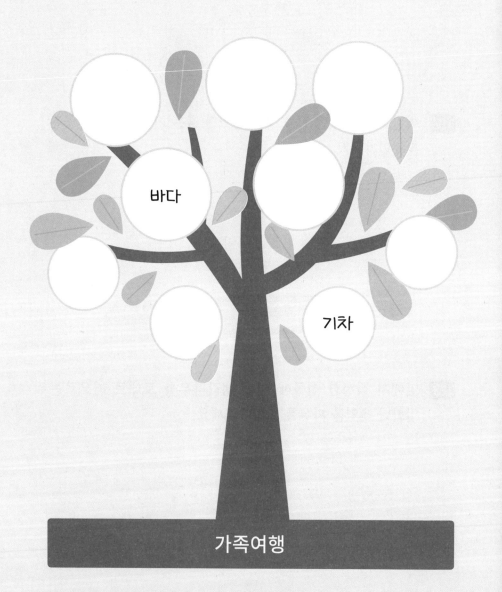

바다

기차

가족여행

Q1 어린 시절 가족여행을 어디로 가보셨나요?

....

....

....

....

Q2 어린 시절 가족들과 가족여행을 가보고 싶은 곳이 있었다면
어디인가요?

....

....

....

....

Q3 앞에서 작성한 가족여행에 대한 생각나무를 토대로 떠오르는
일화나 추억을 자유롭게 적어주세요.

....

....

....

....

'부모님'에 관한 생각나무

제시된 단어를 보고 떠오르는 생각이나 느낌을 적어주세요.

Q1 부모님을 생각하면 부모님의 어떤 모습이 떠오르나요?

....

....

....

....

Q2 부모님에게 내가 사랑받고 있다고 느낀 적은 언제인가요?

....

....

....

....

Q3 부모님께 큰 걱정을 끼친 적이 있다면 언제인가요?

....

....

....

....

'꿈'에 관한 생각나무

제시된 단어를 보고 떠오르는 생각이나 느낌을 적어주세요.

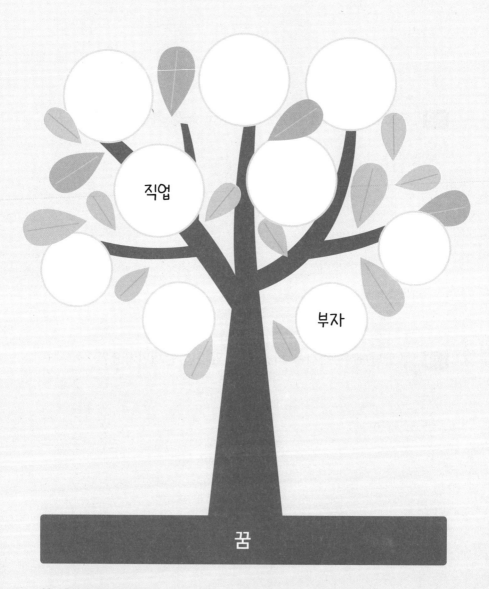

직업

부자

꿈

Q1 어린 시절의 꿈은 무엇이었나요? 그 꿈을 가지게 된 계기도 알려주세요.

....
....
....
....

Q2 그 꿈을 이루기 위해 어떤 노력을 했었나요?

....
....
....
....

Q3 앞에서 작성한 꿈에 대한 생각나무를 토대로 떠오르는 일화나 추억을 자유롭게 적어주세요.

....
....
....
....

'도전'에 관한 생각나무

제시된 단어를 보고 떠오르는 생각이나 느낌을 적어주세요.

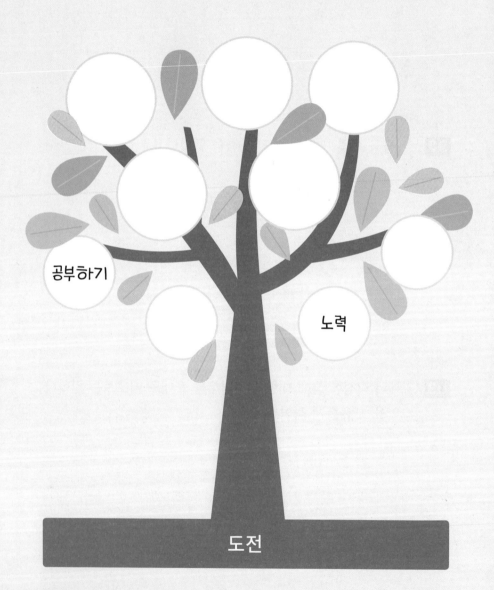

공부하기

노력

도전

Q1 어린 시절 시도한 가장 큰 도전은 무엇이었나요?

....

....

....

....

Q2 **Q1**에서 생각한 도전을 하고 난 뒤에 기분은 어땠나요?

....

....

....

....

Q3 앞에서 작성한 도전에 대한 생각나무를 토대로 떠오르는 일화나 추억을 자유롭게 적어주세요.

....

....

....

....

'음악'에 관한 생각나무

제시된 단어를 보고 떠오르는 생각이나 느낌을 적어주세요.

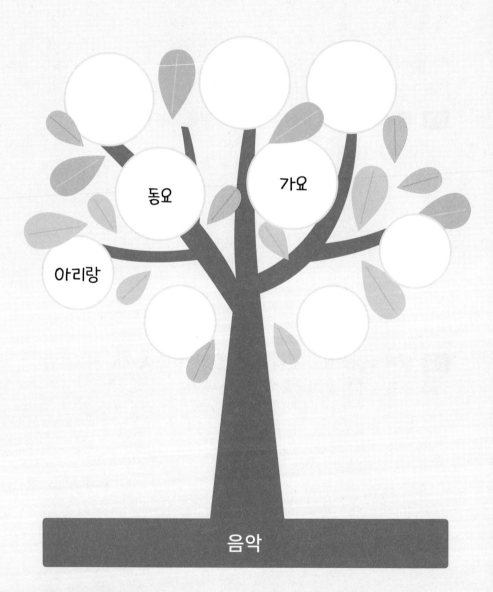

동요

가요

아리랑

음악

Q1 어린 시절 들었던 음악 중에서 가장 좋아하는 음악은 무엇인가요?

....

....

....

....

Q2 어린 시절 들었던 음악과 관련한 추억을 알려주세요.

....

....

....

....

Q3 앞에서 작성한 음악에 대한 생각나무를 토대로 떠오르는 일화나 추억을 자유롭게 적어주세요.

....

....

....

....

'버릇'에 관한 생각나무

제시된 단어를 보고 떠오르는 생각이나 느낌을 적어주세요.

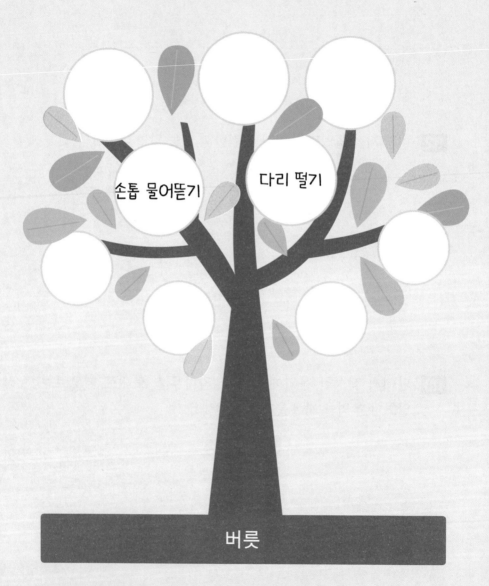

손톱 물어뜯기

다리 떨기

버릇

Q1 어린 시절 가지고 있던 버릇이 있나요?

....
....
....
....

Q2 가지고 있던 버릇을 고쳤다면 고치게 된 계기는 무엇이었나요?
아직 고치지 못했다면 그 이유는 무엇일까요?

....
....
....
....

Q3 앞에서 작성한 버릇에 대한 생각나무를 토대로 떠오르는
일화나 추억을 자유롭게 적어주세요.

....
....
....
....

'어린 시절 나의 모습'에 관한 생각나무

제시된 단어를 보고 떠오르는 생각이나 느낌을 적어주세요.

Q1 어린 시절 찍은 사진을 떠올려보세요. 나는 어떤 어린이였나요?

....

....

....

....

Q2 어린 시절의 내가 좋아했던 패션 아이템은 무엇이 있나요?

....

....

....

....

Q3 타인에게 들은 내 어린 시절의 이야기를 자유롭게 적어주세요.

....

....

....

....

'칭찬'에 관한 생각나무

제시된 단어를 보고 떠오르는 생각이나 느낌을 적어주세요.

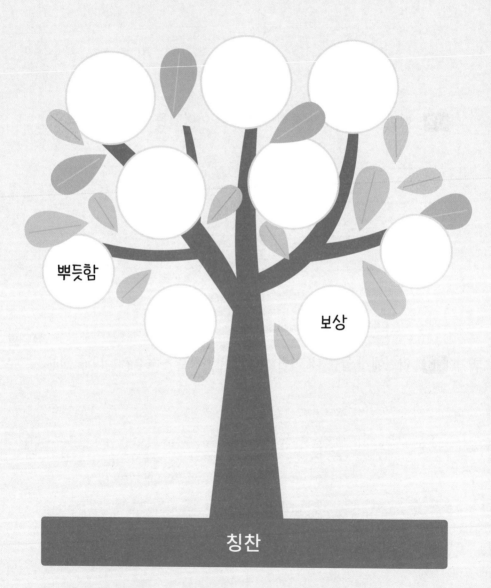

뿌듯함

보상

칭찬

Q1 어린 시절 가장 기억에 남는 칭찬은 무엇인가요? 언제, 누구에게 받은 칭찬인지 떠올려보세요.

....
....
....
....

Q2 칭찬을 받았을 때의 나의 반응은 어땠나요?

....
....
....
....

Q3 앞에서 작성한 칭찬에 대한 생각나무를 토대로 떠오르는 일화나 추억을 자유롭게 적어주세요.

....
....
....
....

'책'에 관한 생각나무

제시된 단어를 보고 떠오르는 생각이나 느낌을 적어주세요.

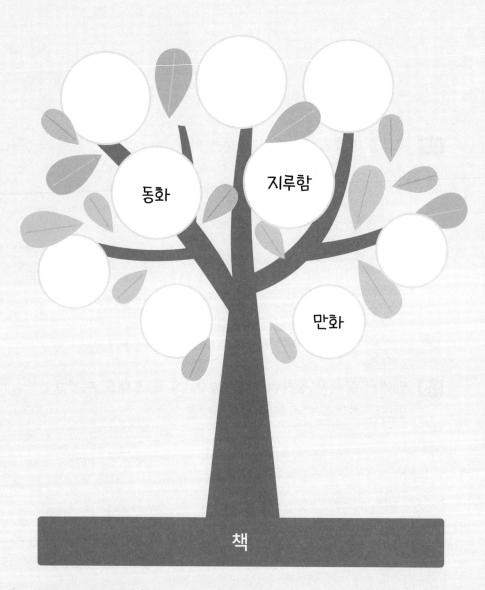

Q1 어린 시절 읽었던 책 중에서 가장 기억에 남는 책은 무엇인가요?

....

....

....

....

Q2 나는 책을 좋아하는 어린이였나요, 싫어하는 어린이였나요?
그 이유도 알려주세요.

....

....

....

....

Q3 앞에서 작성한 책에 대한 생각나무를 토대로 떠오르는 일화나
추억을 자유롭게 적어주세요.

....

....

....

....

'실수'에 관한 생각나무

제시된 단어를 보고 떠오르는 생각이나 느낌을 적어주세요.

불안감

방심

실수

Q1 어린 시절 저질렀던 실수 중 무엇이 떠오르나요?

....

....

....

....

Q2 실수를 저질렀을 때의 심정은 어땠나요?

....

....

....

....

Q3 앞에서 작성한 실수에 대한 생각나무를 토대로 떠오르는
일화나 추억을 자유롭게 적어주세요.

....

....

....

....

'눈'에 관한 생각나무

제시된 단어를 보고 떠오르는 생각이나 느낌을 적어주세요.

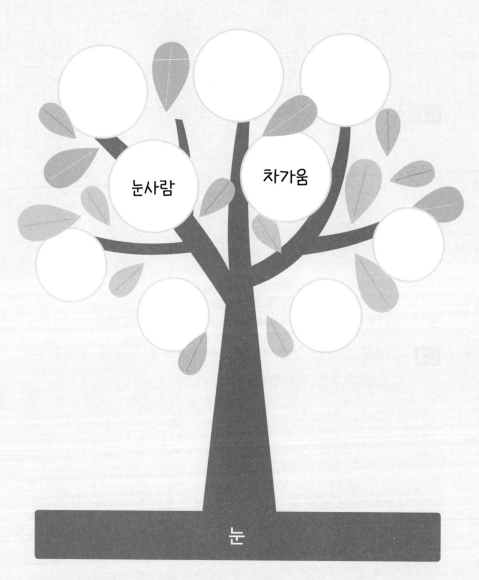

눈사람

차가움

눈

Q1 새하얀 눈이 내리는 것을 보면 어떤 생각이 드나요?

....

....

....

....

Q2 어린 시절 눈이 오는 날에는 주로 무엇을 하며 놀았나요?

....

....

....

....

Q3 앞에서 작성한 눈에 대한 생각나무를 토대로 떠오르는 일화나 추억을 자유롭게 적어주세요.

....

....

....

....

'용돈'에 관한 생각나무

제시된 단어를 보고 떠오르는 생각이나 느낌을 적어주세요.

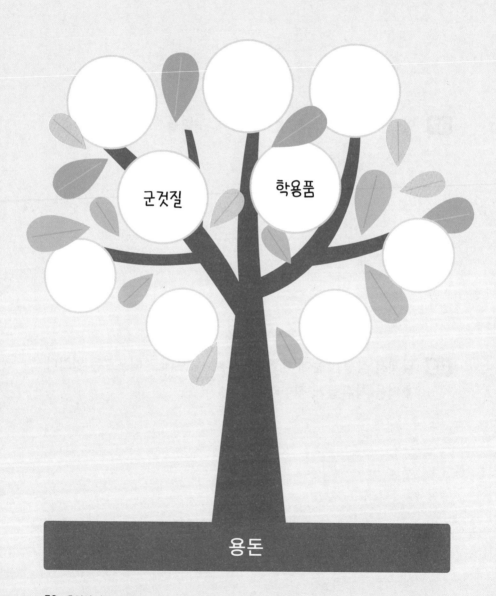

군것질

학용품

용돈

Q1 어린 시절의 나에게 누군가 용돈을 준다면 가장 먼저 무엇을 하고 싶나요?

....

....

....

....

Q2 어린 시절 용돈으로 사 먹었던 군것질거리가 있나요? 그와 관련한 추억을 알려주세요.

....

....

....

....

Q3 앞에서 작성한 용돈에 대한 생각나무를 토대로 떠오르는 일화나 추억을 자유롭게 적어주세요.

....

....

....

....

'짝사랑'에 관한 생각나무

제시된 단어를 보고 떠오르는 생각이나 느낌을 적어주세요.

콩닥콩닥

설렘

짝사랑

Q1 어린 시절 남몰래 누군가를 좋아했던 적이 있나요?

....

....

....

....

Q2 어떤 계기로 상대방을 짝사랑하게 되었나요?

....

....

....

....

Q3 앞에서 작성한 짝사랑에 대한 생각나무를 토대로 짝사랑과 함께한 일화나 추억을 자유롭게 적어주세요.

....

....

....

....

'소원'에 관한 생각나무

제시된 단어를 보고 떠오르는 생각이나 느낌을 적어주세요.

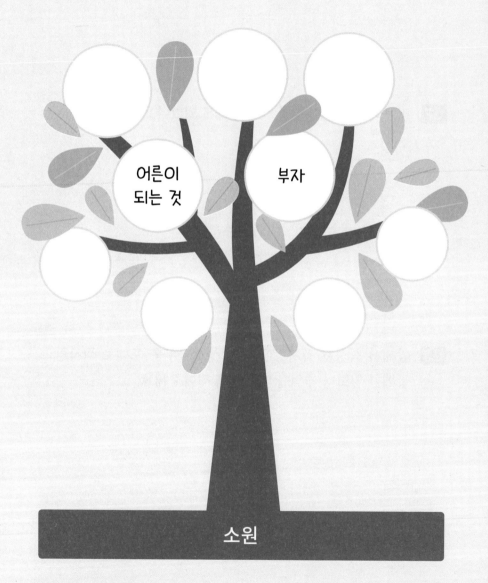

어른이
되는 것

부자

소원

Q1 어린 시절의 소원 3가지를 알려주세요.

....

....

....

....

Q2 어떤 이유로 **Q1**에 적은 3가지 소원을 생각했나요?

....

....

....

....

Q3 어린 시절의 소원과 현재의 소원에는 어떤 차이가 있나요?

....

....

....

....

'편지'에 관한 생각나무

제시된 단어를 보고 떠오르는 생각이나 느낌을 적어주세요.

고백

마음

편지

Q1 생에 처음으로 쓴 편지는 누구를 향한 것이었나요? 또, 그 내용은 무엇인가요?

....

....

....

....

Q2 **Q1**에서 건네준 편지를 받은 사람의 반응은 어땠나요?

....

....

....

....

Q3 앞에서 작성한 편지에 대한 생각나무를 토대로 떠오르는 일화나 추억을 자유롭게 적어주세요.

....

....

....

....

'싸움'에 관한 생각나무

제시된 단어를 보고 떠오르는 생각이나 느낌을 적어주세요.

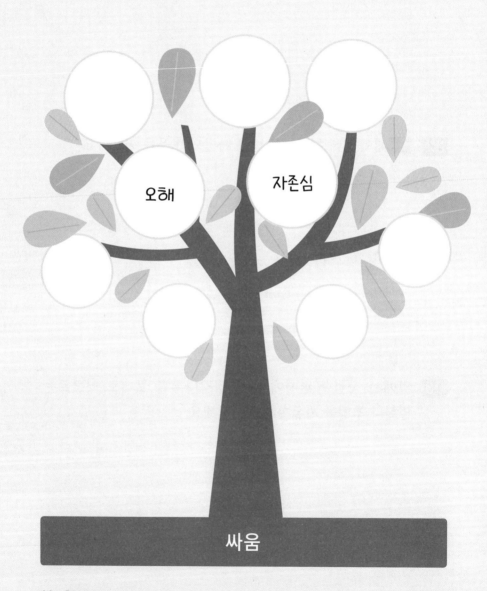

오해

자존심

싸움

Q1 어린 시절 친구와 싸운 일화 중에서 가장 기억에 남는 것은 무엇인가요?

....

....

....

....

Q2 **Q1**에서 말한 싸움 이후 어떻게 화해했나요?

....

....

....

....

Q3 앞에서 작성한 싸움에 대한 생각나무를 토대로 떠오르는 일화나 추억을 자유롭게 적어주세요.

....

....

....

....

'명절'에 관한 생각나무

제시된 단어를 보고 떠오르는 생각이나 느낌을 적어주세요.

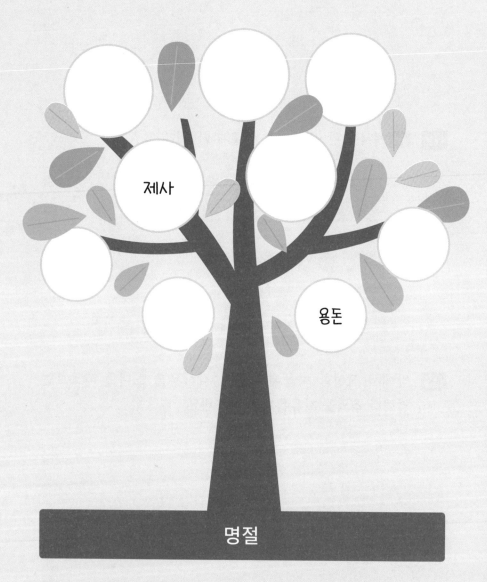

제사

용돈

명절

Q1 어린 시절 가장 기억에 남는 명절(설날, 추석, 단오 등)은 언제인가요? 왜 좋아했는지도 알려주세요.

....

....

....

....

Q2 어린 시절의 '명절' 하면 떠오르는 이미지를 얘기해주세요.

....

....

....

....

Q3 앞에서 작성한 명절에 대한 생각나무를 토대로 떠오르는 일화나 추억을 자유롭게 적어주세요.

....

....

....

....

'교복'에 관한 생각나무

제시된 단어를 보고 떠오르는 생각이나 느낌을 적어주세요.

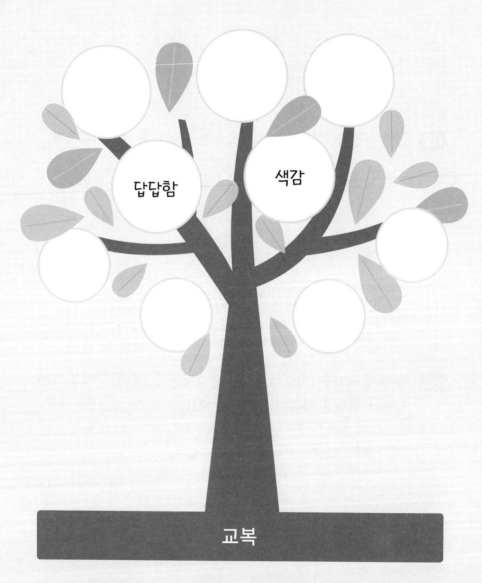

답답함

색감

교복

Q1 학창 시절 입고 다니던 교복의 디자인 및 색은 어땠나요?
교복이 없었다면 어떤 디자인의 교복을 입고 싶었나요?

....
....
....
....

Q2 만약 **Q1**에서 말한 교복을 리폼을 할 수 있다면 어떤 부분을
어떻게 바꾸고 싶나요?

....
....
....
....

Q3 앞에서 작성한 교복에 대한 생각나무를 토대로 떠오르는
일화나 추억을 자유롭게 적어주세요.

....
....
....
....

'군것질'에 관한 생각나무

제시된 단어를 보고 떠오르는 생각이나 느낌을 적어주세요.

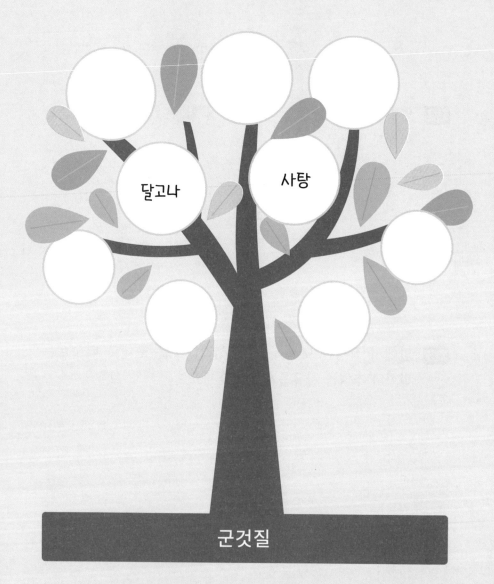

달고나

사탕

군것질

Q1 가장 좋아했던 군것질은 무엇인가요? 그와 관련한 추억을 얘기해주세요.

....

....

....

....

Q2 군것질로 인해 아팠던 기억이 있나요?

....

....

....

....

Q3 앞에서 작성한 군것질에 대한 생각나무를 토대로 떠오르는 일화나 추억을 자유롭게 적어주세요.

....

....

....

....

PART 2

나의 청춘 이야기

'성인'에 관한 생각나무

제시된 단어를 보고 떠오르는 생각이나 느낌을 적어주세요.

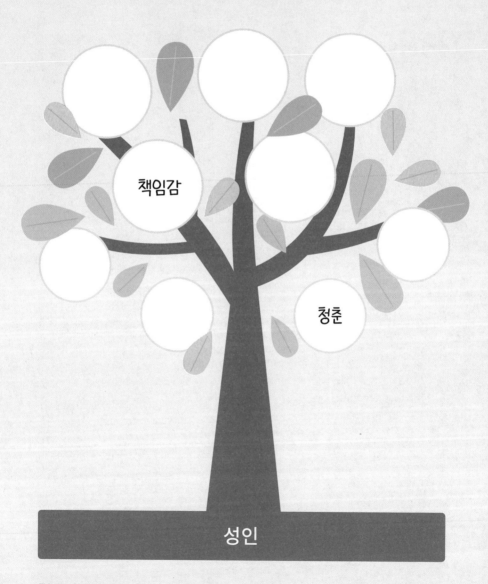

책임감

청춘

성인

Q1 어린 시절 성인이 된다면 제일 처음 무엇을 하고 싶었으며, 그 이유는 무엇인가요?

....

....

....

....

Q2 실제로 성인이 되고 난 후 처음으로 무엇을 했나요?

....

....

....

....

Q3 스무 살이 되고 겪은 인상 깊은 일화나 추억을 자유롭게 적어주세요.

....

....

....

....

'일탈'에 관한 생각나무

제시된 단어를 보고 떠오르는 생각이나 느낌을 적어주세요.

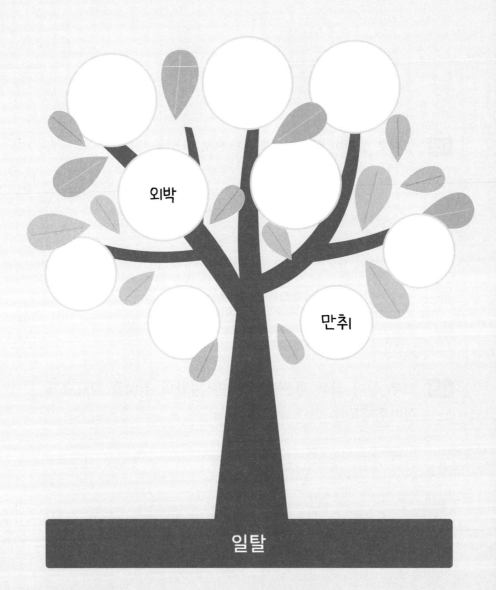

외박

만취

일탈

Q1 인생에서 가장 크게 일탈해본 경험이 있다면 무엇이며, 그 행동을 한 뒤에 어떤 느낌이 들었나요?

....

....

....

....

Q2 만약 지금 소소한 일탈을 할 수 있다면 무엇을 하고 싶은가요?

....

....

....

....

Q3 앞에서 작성한 일탈에 대한 생각나무를 토대로 떠오르는 일화나 추억을 자유롭게 적어주세요.

....

....

....

....

'연애'에 관한 생각나무

제시된 단어를 보고 떠오르는 생각이나 느낌을 적어주세요.

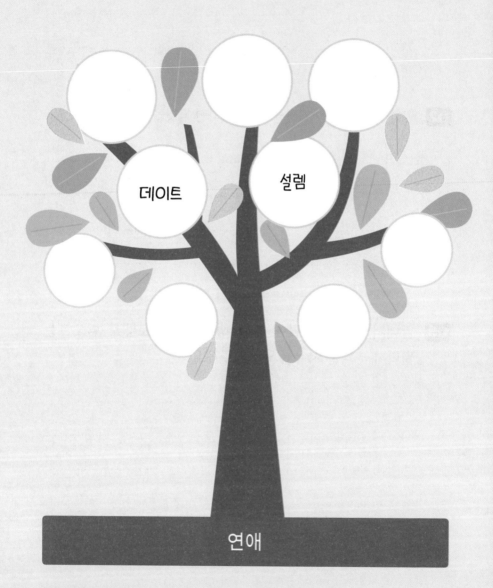

데이트

설렘

연애

Q1 첫 데이트 혹은 첫 소개팅을 할 때 어떤 옷을 입고, 어디에서 만났나요?

....

....

....

....

Q2 첫 데이트 혹은 소개팅을 했을 때의 느낌을 이야기해주세요.

....

....

....

....

Q3 앞에서 작성한 연애에 대한 생각나무를 토대로 떠오르는 일화나 추억을 자유롭게 적어주세요.

....

....

....

....

'호의'에 관한 생각나무

제시된 단어를 보고 떠오르는 생각이나 느낌을 적어주세요.

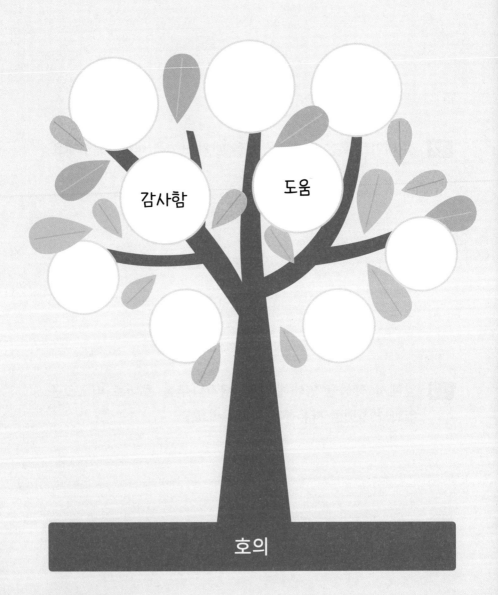

감사함

도움

호의

Q1 타인에게 받았던 도움 중에서 가장 기억에 남는 호의는 무엇이며 당시의 기분은 어땠나요?

....

....

....

....

Q2 내가 타인에게 베풀었던 호의 중에서 가장 기억에 남는 것은 무엇인가요?

....

....

....

....

Q3 앞에서 작성한 호의에 대한 생각나무를 토대로 떠오르는 일화나 추억을 자유롭게 적어주세요.

....

....

....

....

'직장'에 관한 생각나무

제시된 단어를 보고 떠오르는 생각이나 느낌을 적어주세요.

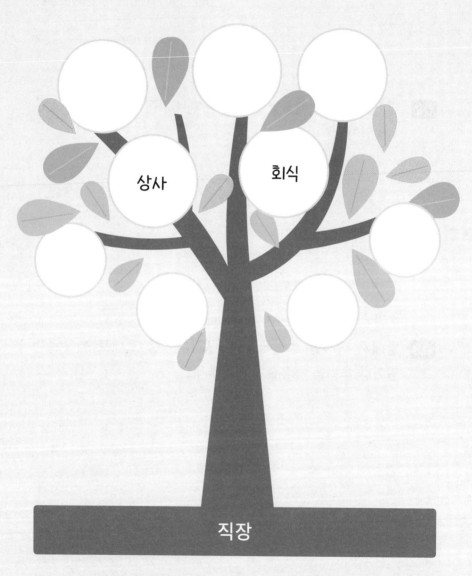

상사

회식

직장

Q1 내가 기억하는 첫 직장은 어떤 곳이었나요?

....

....

....

....

Q2 직장생활 중 가장 기억에 남는 동료는 누구인가요? 그 동료가
기억에 남는 이유가 된 일화를 이야기해주세요.

....

....

....

....

Q3 앞에서 작성한 직장에 대한 생각나무를 토대로 떠오르는
일화나 추억을 자유롭게 적어주세요.

....

....

....

....

'출퇴근'에 관한 생각나무

제시된 단어를 보고 떠오르는 생각이나 느낌을 적어주세요.

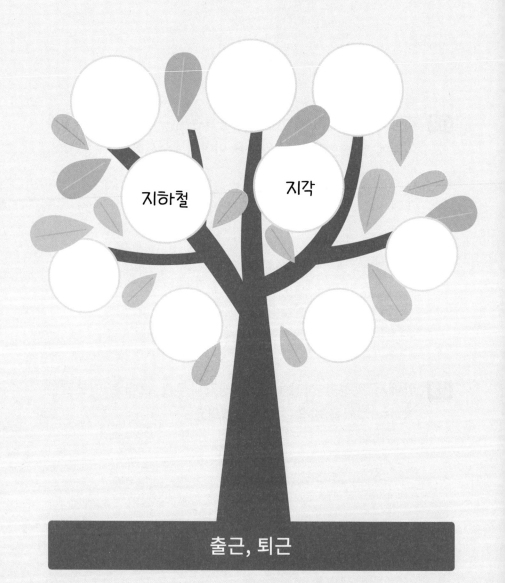

지하철

지각

출근, 퇴근

Q1 통근 시간이 얼마나 걸렸나요? 또, 어떤 수단으로 출퇴근했나요?

....

....

....

....

Q2 출퇴근 시 보통 무엇을 하며 시간을 보냈나요?

....

....

....

....

Q3 앞에서 작성한 출퇴근에 대한 생각나무를 토대로 떠오르는 일화나 추억을 자유롭게 적어주세요.

....

....

....

....

'월급'에 관한 생각나무

제시된 단어를 보고 떠오르는 생각이나 느낌을 적어주세요.

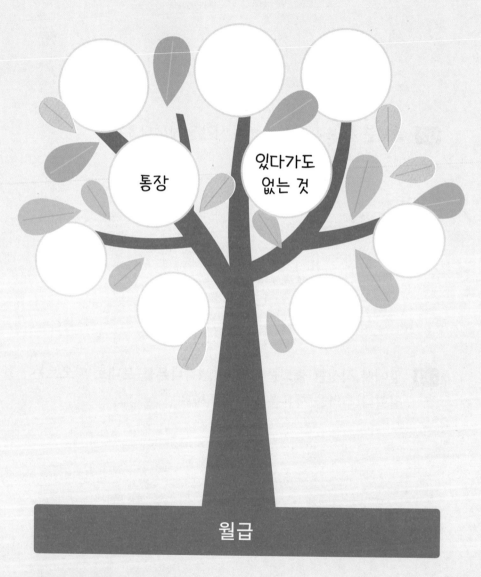

통장

있다가도 없는 것

월급

Q1 첫 월급으로 무엇을 했나요?

....

....

....

....

Q2 맨 처음 받았던 월급과 가장 최근에 받은 월급을 수령했을 때의 마음가짐에는 어떤 차이가 있나요?

....

....

....

....

Q3 앞에서 작성한 월급에 대한 생각나무를 토대로 떠오르는 일화나 추억을 자유롭게 적어주세요.

....

....

....

....

'사회생활'에 관한 생각나무

제시된 단어를 보고 떠오르는 생각이나 느낌을 적어주세요.

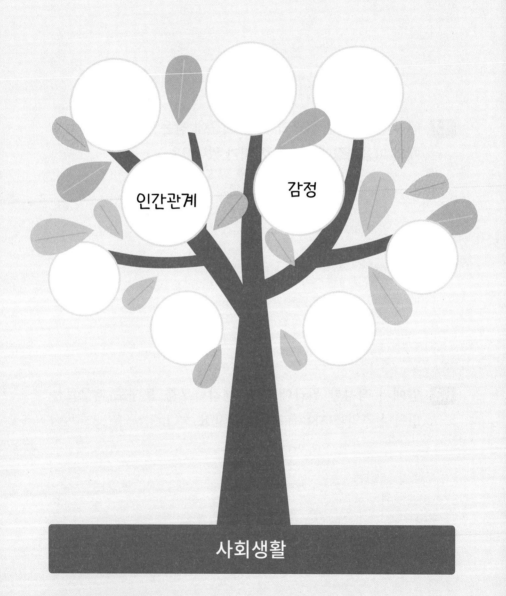

인간관계

감정

사회생활

Q1 사회생활을 하면서 가장 힘들었던 적은 언제였나요?

....

....

....

....

Q2 **Q1**에서 쓴 일화를 고른 이유는 무엇인가요?

....

....

....

....

Q3 앞에서 작성한 사회생활에 대한 생각나무를 토대로 떠오르는
일화나 추억을 자유롭게 적어주세요.

....

....

....

....

'자기만족'에 관한 생각나무

제시된 단어를 보고 떠오르는 생각이나 느낌을 적어주세요.

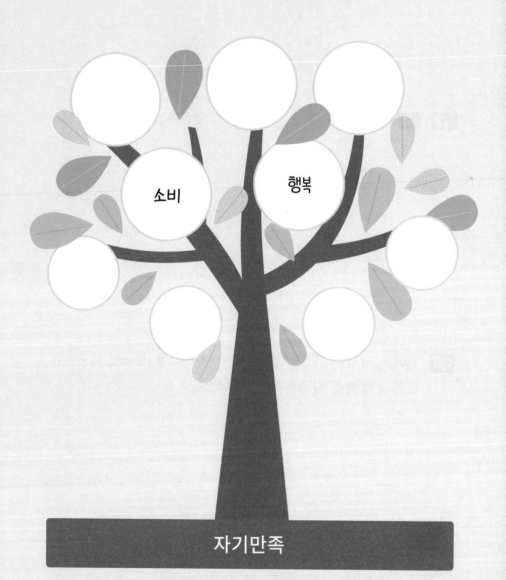

소비

행복

자기만족

Q1 온전히 나만을 위해 산 물건 중에서 가장 기억에 남는 물건은 무엇인가요?

....

....

....

....

Q2 **Q1**에서 말한 물건을 산 뒤에 기분은 어땠나요? 아직 그 물건을 갖고 있나요?

....

....

....

....

Q3 앞에서 작성한 자기만족에 대한 생각나무를 토대로 떠오르는 일화나 추억을 자유롭게 적어주세요.

....

....

....

....

'우연'에 관한 생각나무

제시된 단어를 보고 떠오르는 생각이나 느낌을 적어주세요.

행운

인연

우연

Q1 의도치 않게 생긴 일 중에서 가장 기뻤던 기억을 알려주세요.

....

....

....

....

Q2 의도치 않게 생긴 일 중에서 가장 당황스러웠던 기억을 알려
주세요.

....

....

....

....

Q3 앞에서 작성한 우연에 대한 생각나무를 토대로 떠오르는
일화나 추억을 자유롭게 적어주세요.

....

....

....

....

'생일'에 관한 생각나무

제시된 단어를 보고 떠오르는 생각이나 느낌을 적어주세요.

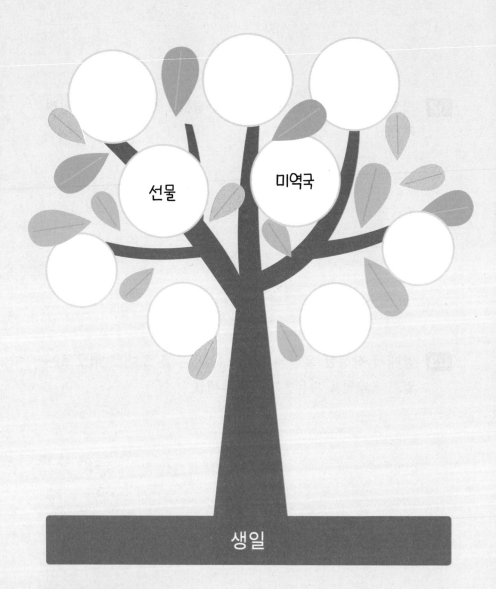

선물

미역국

생일

Q1 가장 기억에 남는 생일은 언제였나요?

....
....
....
....

Q2 서운함을 느꼈던 생일이 있나요?

....
....
....
....

Q3 앞에서 작성한 생일에 대한 생각나무를 토대로 떠오르는 일화나 추억을 자유롭게 적어주세요.

....
....
....
....

'결혼'에 관한 생각나무

제시된 단어를 보고 떠오르는 생각이나 느낌을 적어주세요.

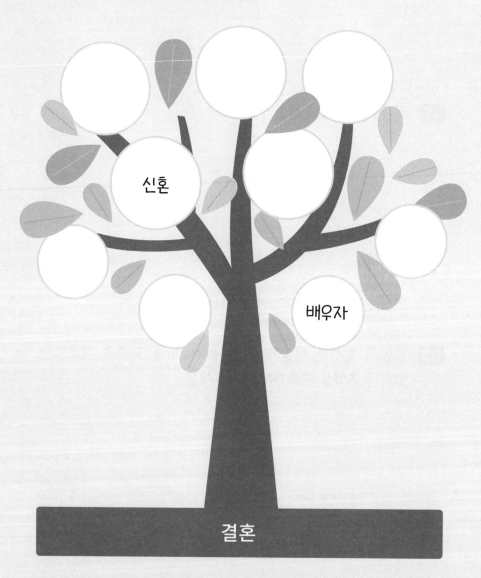

신혼

배우자

결혼

Q1 지금의 배우자와 결혼을 결심하게 된 계기는 무엇인가요?

....

....

....

....

Q2 결혼을 실감했던 순간이 있었다면 언제이며 그 이유는 무엇인지 알려주세요.

....

....

....

....

Q3 앞에서 작성한 결혼에 대한 생각나무를 토대로 떠오르는 일화나 추억을 자유롭게 적어주세요.

....

....

....

....

'혼자'에 관한 생각나무

제시된 단어를 보고 떠오르는 생각이나 느낌을 적어주세요.

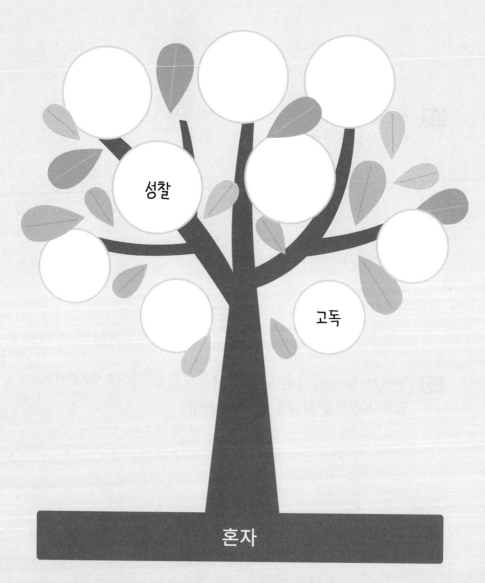

성찰

고독

혼자

Q1 여행을 떠나본 적이 있나요? 혼자서 여행하고 싶은 장소와
그 이유를 알려주세요.

....
....
....
....

Q2 혼자 있을 때 무엇을 하며 시간을 보내나요?

....
....
....
....

Q3 여가시간을 여럿이서 함께 혹은 혼자 보내는 것 중에서 어떤
것이 좋은가요? 그렇게 생각하는 이유도 알려주세요.

....
....
....
....

'해외'에 관한 생각나무

제시된 단어를 보고 떠오르는 생각이나 느낌을 적어주세요.

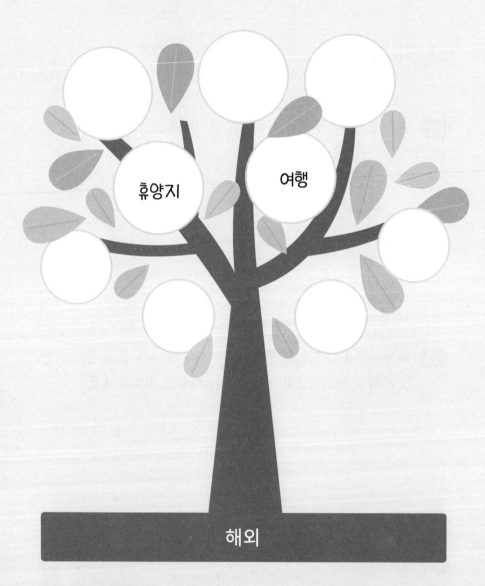

휴양지

여행

해외

Q1 살면서 가본 나라 중 가장 기억에 남는 곳은 어디인가요?
해외에 나가본 적이 없다면 가보고 싶은 나라는 어디인가요?

....
....
....
....

Q2 해외여행 시 관광목적의 여행과 휴양목적의 여행 중 어떤 것이
좋은가요? 그 이유도 알려주세요.

....
....
....
....

Q3 앞에서 작성한 해외에 대한 생각나무를 토대로 떠오르는
일화나 추억을 자유롭게 적어주세요.

....
....
....
....

'자식'에 관한 생각나무

제시된 단어를 보고 떠오르는 생각이나 느낌을 적어주세요.

나의 보물

사고뭉치

자식

Q1 자녀에게 지어준 이름은 무엇인가요? 그 이름을 짓게 된 계기도 알려주세요.

....

....

....

....

Q2 태동을 느끼며 아기에게 가장 많이 해줬던 말은 무엇인가요?

....

....

....

....

Q3 처음 자녀를 품에 안았을 때의 기분은 어땠나요?

....

....

....

....

'첫 경험'에 관한 생각나무

제시된 단어를 보고 떠오르는 생각이나 느낌을 적어주세요.

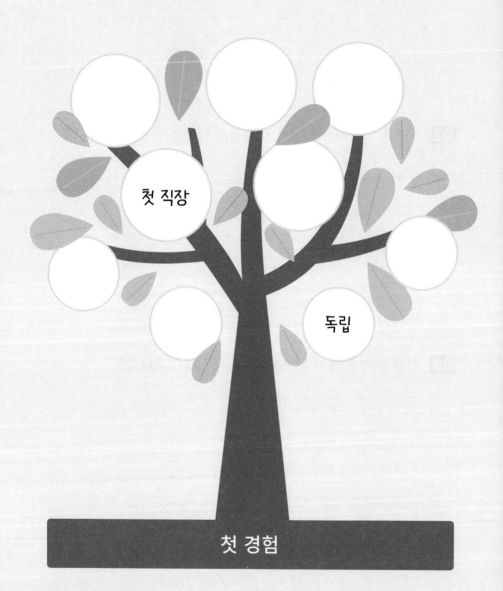

첫 직장

독립

첫 경험

Q1 처음으로 독립하거나 나만의 가정을 꾸렸을 때의 기억과
당시 느꼈던 기분을 알려주세요.

....

....

....

....

Q2 살면서 체험해본 것 중에서 가장 기억에 남는 경험은 무엇인
가요?

....

....

....

....

Q3 앞에서 작성한 첫 경험에 대한 생각나무를 토대로 떠오르는
일화나 추억을 자유롭게 적어주세요.

....

....

....

....

'집안일'에 관한 생각나무

제시된 단어를 보고 떠오르는 생각이나 느낌을 적어주세요.

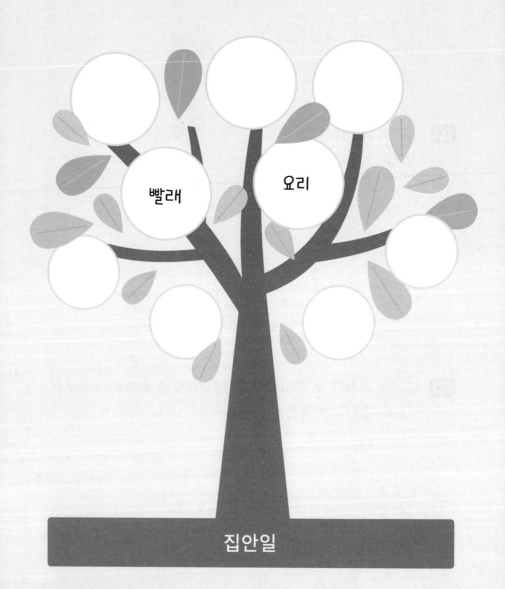

빨래

요리

집안일

Q1 배우자와 공평하게 집안일을 분담했다고 생각하나요?

....

....

....

....

Q2 배우자나 부모님과 집안일로 다툰 적이 있다면 어떠한 이유
에서였나요?

....

....

....

....

Q3 앞에서 작성한 집안일에 대한 생각나무를 토대로 떠오르는
일화나 추억을 자유롭게 적어주세요.

....

....

....

....

'술'에 관한 생각나무

제시된 단어를 보고 떠오르는 생각이나 느낌을 적어주세요.

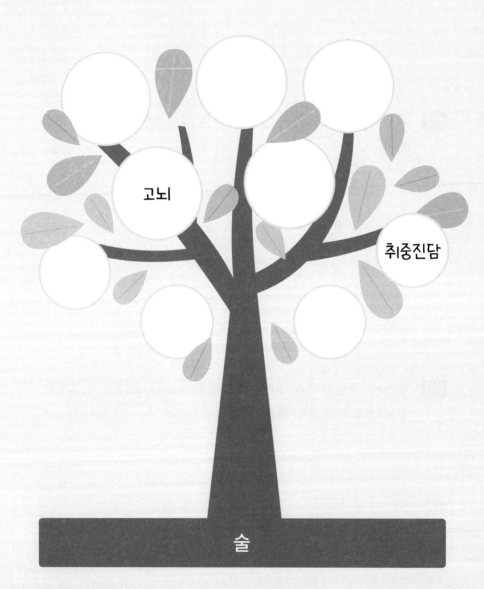

고뇌

취중진담

술

Q1 너무 힘들어서 술이 생각났던 날에 대해 얘기해주세요.

....

....

....

....

Q2 '술이 달면 오늘 하루가 그만큼 인상적인 거야' 라는 말이 있는데요, 나에게 있어서의 술이 달았던 날에 대해 얘기해주세요.

....

....

....

....

Q3 술 한잔을 하면서 허심탄회하게 고민을 얘기할 수 있는 존재가 있나요?

....

....

....

....

'실패'에 관한 생각나무

제시된 단어를 보고 떠오르는 생각이나 느낌을 적어주세요.

빚

좌절

실패

Q1 하던 일이 마음대로 되지 않아 좌절한 적이 있나요?

....
....
....
....

Q2 나는 **Q1** 에서 말한 실패에서 무엇을 배웠나요?

....
....
....
....

Q3 앞에서 작성한 실패에 대한 생각나무를 토대로 떠오르는 일화나 추억을 자유롭게 적어주세요.

....
....
....
....

'불행'에 관한 생각나무

제시된 단어를 보고 떠오르는 생각이나 느낌을 적어주세요.

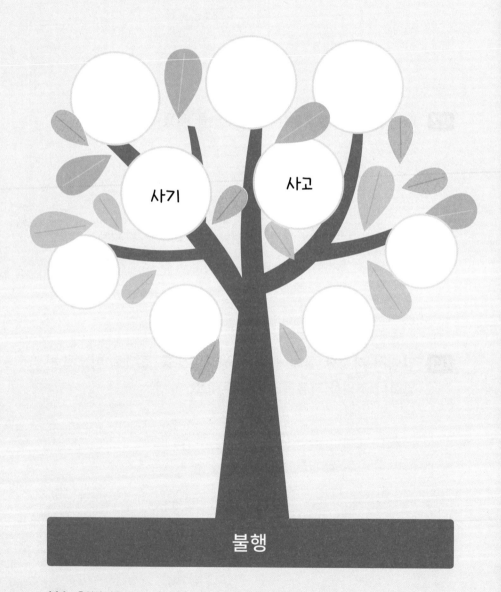

사기

사고

불행

Q1 살면서 가장 불행하다고 느꼈던 적은 언제인가요?

....

....

....

....

Q2 **Q1**에서 말한 불행을 어떻게 극복했는지 얘기해주세요.

....

....

....

....

Q3 앞에서 작성한 불행에 대한 생각나무를 토대로 떠오르는 일화나 추억을 자유롭게 적어주세요.

....

....

....

....

'약속'에 관한 생각나무

제시된 단어를 보고 떠오르는 생각이나 느낌을 적어주세요.

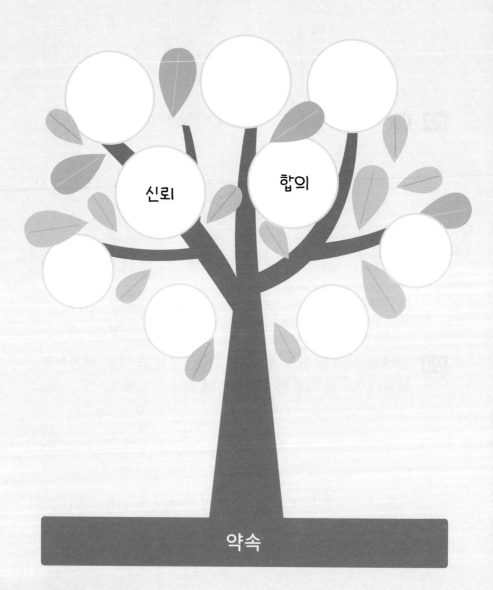

신뢰

합의

약속

Q1 나 자신이나 타인과의 약속 중에서 가장 지키기 어려웠던 약속이 있다면 무엇인가요?

....

....

....

....

Q2 본인이 생각하는 약속의 정의에 대하여 얘기해주세요.

....

....

....

....

Q3 앞에서 작성한 약속에 대한 생각나무를 토대로 떠오르는 일화나 추억을 자유롭게 적어주세요.

....

....

....

....

'부모로서의 책임'에 관한 생각나무

제시된 단어를 보고 떠오르는 생각이나 느낌을 적어주세요.

양육

지원

부모로서의 책임

Q1 평소 나의 아이에게 부모로서 무엇을 해주었다고 생각하나요?

....

....

....

....

Q2 부모로서의 책임을 다하기 위해 어떤 것을 포기해야만 했나요?

....

....

....

....

Q3 부모로서의 내 점수는 몇 점인가요? 그렇게 생각한 이유도 알려주세요.

....

....

....

....

'재롱'에 관한 생각나무

제시된 단어를 보고 떠오르는 생각이나 느낌을 적어주세요.

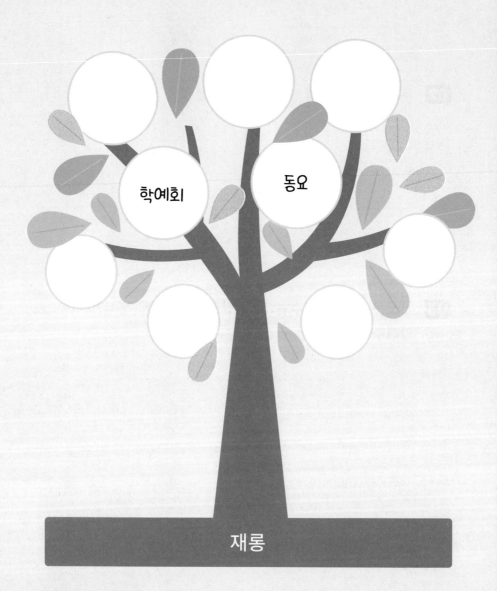

학예회

동요

재롱

Q1 자녀가 했던 가장 사랑스러운 행동은 무엇이었나요? 그때의 추억을 얘기해주세요.

....

....

....

....

Q2 자녀의 학예회나 재롱잔치에서의 추억이 있나요?

....

....

....

....

Q3 앞에서 작성한 재롱에 대한 생각나무를 토대로 떠오르는 일화나 추억을 자유롭게 적어주세요.

....

....

....

....

'성장'에 관한 생각나무

제시된 단어를 보고 떠오르는 생각이나 느낌을 적어주세요.

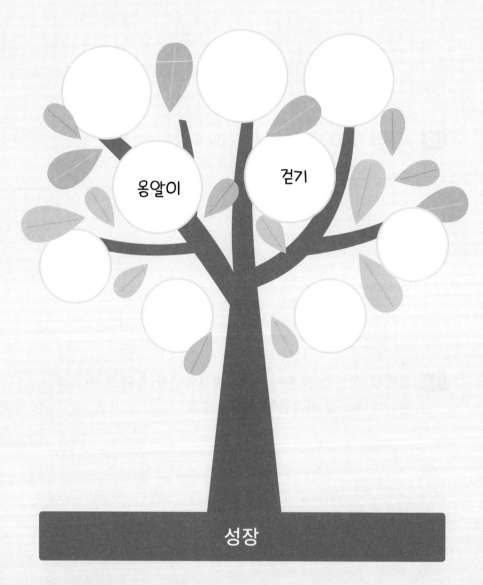

옹알이

걷기

성장

Q1 자녀를 키우면서 가장 감격스러웠던 성장의 순간은 언제였나요?

....

....

....

....

Q2 어린 시절의 자녀가 가장 좋아했던 장난감은 무엇인가요? 그 장난감을 가지고 놀 때 자녀의 모습을 추억해보세요.

....

....

....

....

Q3 자녀가 처음으로 가졌던 꿈은 무엇인가요? 또, 자녀가 그 꿈을 이야기했을 때의 기분은 어땠나요?

....

....

....

....

'사춘기'에 관한 생각나무

제시된 단어를 보고 떠오르는 생각이나 느낌을 적어주세요.

성숙

반항

사춘기

Q1 나의 사춘기 시절 모습과 자녀의 사춘기 시절 모습에는 어떤 차이가 있나요?

....
....
....
....

Q2 자녀가 사춘기 시절 했던 가장 큰 반항은 무엇이었나요?

....
....
....
....

Q3 앞에서 작성한 사춘기에 대한 생각나무를 토대로 떠오르는 일화나 추억을 자유롭게 적어주세요.

....
....
....
....

'스트레스'에 관한 생각나무

제시된 단어를 보고 떠오르는 생각이나 느낌을 적어주세요.

직장 상사

생활비

스트레스

Q1 젊은 시절 나의 스트레스 요인에는 무엇이 있었나요?

....
....
....
....

Q2 나만의 스트레스 해소 방법에는 무엇이 있었나요?

....
....
....
....

Q3 앞에서 작성한 스트레스에 대한 생각나무를 토대로 떠오르는 일화나 추억을 자유롭게 적어주세요.

....
....
....
....

'비상금'에 관한 생각나무

제시된 단어를 보고 떠오르는 생각이나 느낌을 적어주세요.

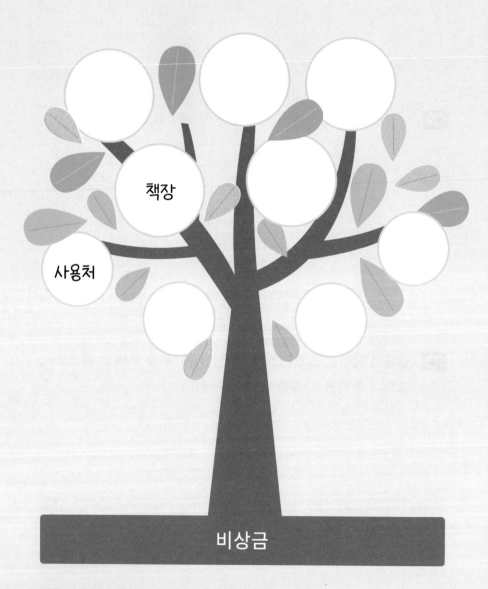

책장

사용처

비상금

Q1 비상금을 모을 때 보통 어디에 숨겨놓고 어떻게 모았는지 알려주세요.

....

....

....

....

Q2 숨겨둔 비상금으로 보통 무엇을 했나요?

....

....

....

....

Q3 앞에서 작성한 비상금에 대한 생각나무를 토대로 떠오르는 일화나 추억을 자유롭게 적어주세요.

....

....

....

....

'배우자'에 관한 생각나무

제시된 단어를 보고 떠오르는 생각이나 느낌을 적어주세요.

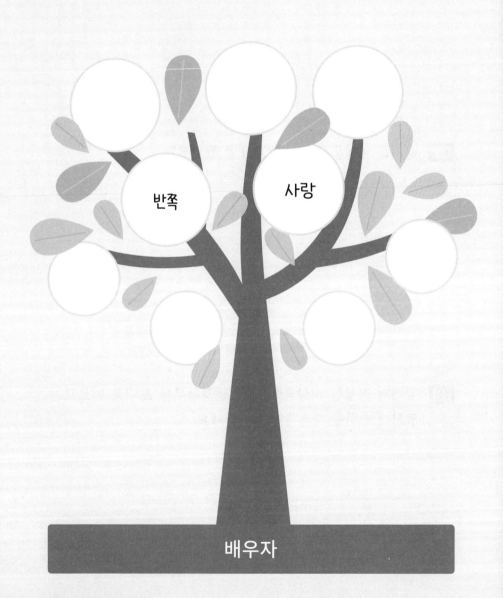

반쪽

사랑

배우자

Q1 지금 나의 배우자를 언제, 어떻게 만나게 되었나요?

....

....

....

....

Q2 배우자에게 가장 고마웠거나 미안했던 순간이 있다면 언제인가요?

....

....

....

....

Q3 앞에서 작성한 배우자에 대한 생각나무를 토대로 떠오르는 일화나 추억을 자유롭게 적어주세요.

....

....

....

....

'보람'에 관한 생각나무

제시된 단어를 보고 떠오르는 생각이나 느낌을 적어주세요.

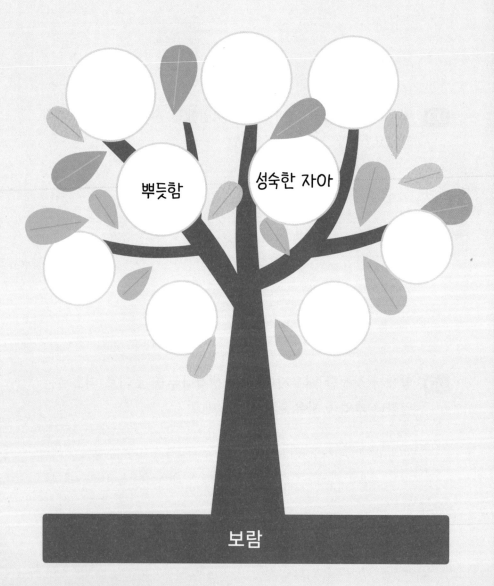

뿌듯함

성숙한 자아

보람

Q1 나는 보통 어떤 것에서 보람을 느꼈는지 얘기해주세요.

....

....

....

....

Q2 내가 행한 선행 중 나의 내면을 가장 성숙하게 해주었던 것은 무엇인가요?

....

....

....

....

Q3 앞에서 작성한 보람에 대한 생각나무를 토대로 떠오르는 일화나 추억을 자유롭게 적어주세요.

....

....

....

....

'드라이브'에 관한 생각나무

제시된 단어를 보고 떠오르는 생각이나 느낌을 적어주세요.

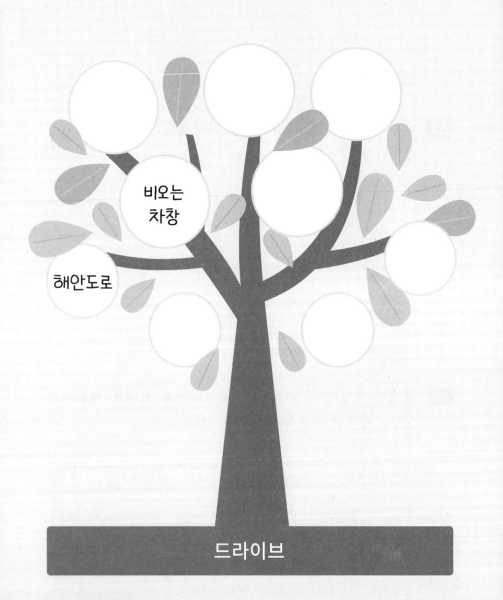

비오는
차창

해안도로

드라이브

Q1 지금 드라이브를 한다면 누구와 어디로 떠나고 싶나요?

....

....

....

....

Q2 생각을 환기하기 위해 홀로 드라이브를 할 때 보통 무슨 생각을 하나요?

....

....

....

....

Q3 앞에서 작성한 드라이브에 대한 생각나무를 토대로 떠오르는 일화나 추억을 자유롭게 적어주세요.

....

....

....

....

'대화'에 관한 생각나무

제시된 단어를 보고 떠오르는 생각이나 느낌을 적어주세요.

스트레스 해소

상호작용

대화

Q1 평소 배우자와 무엇을 주제로 대화하나요?

....

....

....

....

Q2 평소에 배우자와 둘만의 시간을 갖고 있나요? 그렇지 않다면 이유는 무엇이라고 생각하시나요?

....

....

....

....

Q3 배우자와의 관계를 지금보다 더 좋게 하기 위해서는 어떻게 대화해야 할까요?

....

....

....

....

'갈등'에 관한 생각나무

제시된 단어를 보고 떠오르는 생각이나 느낌을 적어주세요.

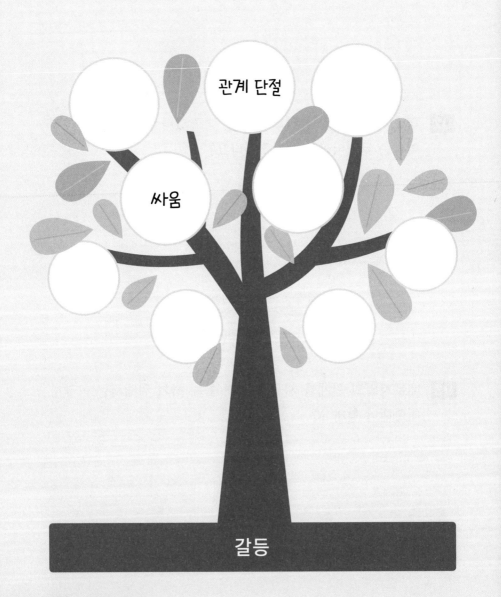

관계 단절

싸움

갈등

Q1 평소 배우자와의 갈등 원인은 주로 무엇이었나요?

....

....

....

....

Q2 배우자와의 갈등을 겪은 후 화해하는 방법이나 비결이 있으신가요?

....

....

....

....

Q3 갈등을 겪지 않기 위해서는 어떠한 노력을 기울여야 할까요?

....

....

....

....

'휴가'에 관한 생각나무

제시된 단어를 보고 떠오르는 생각이나 느낌을 적어주세요.

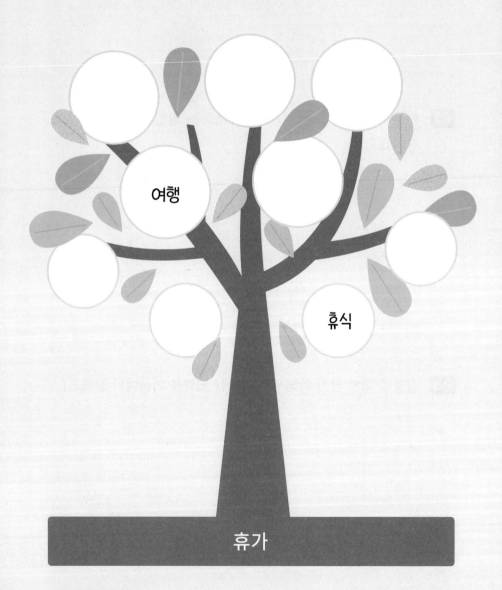

여행

휴식

휴가

Q1 휴가 기간에 여행과 휴식 중 어떤 활동을 더 좋아하셨나요?
그 이유도 알려주세요.

....

....

....

....

Q2 휴가 기간에 갔던 여행지 중 기억에 남는 곳은 어디인가요?
그곳과 관련된 추억이나 일화가 있다면 얘기해주세요.

....

....

....

....

Q3 앞에서 작성한 휴가에 대한 생각나무를 토대로 떠오르는
일화나 추억을 자유롭게 적어주세요.

....

....

....

....

'활력소'에 관한 생각나무

제시된 단어를 보고 떠오르는 생각이나 느낌을 적어주세요.

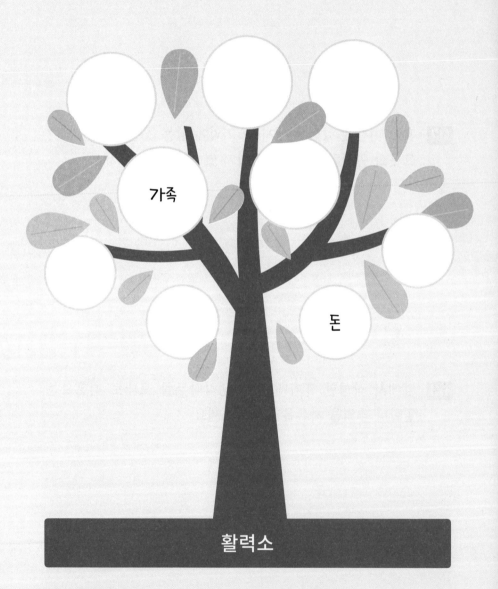

가족

돈

활력소

Q1 나의 젊은 시절 활력소는 무엇이었나요?

....

....

....

....

Q2 나의 과거의 활력소, 현재의 활력소에는 어떠한 차이가 있나요?

....

....

....

....

Q3 앞에서 작성한 활력소에 대한 생각나무를 토대로 떠오르는 일화나 추억을 자유롭게 적어주세요.

....

....

....

....

'진정한 어른'에 관한 생각나무

제시된 단어를 보고 떠오르는 생각이나 느낌을 적어주세요.

책임

부모님

진정한 어른

Q1 현재 나의 모습은 어린 시절 내가 생각했던 어른의 모습과 비교해서 어떤가요?

....

....

....

....

Q2 어린 시절에 본 현재 내 나이의 부모님은 어땠는지 얘기해주세요.

....

....

....

....

Q3 내가 생각하기에 나는 과거에 비해 성숙해졌다고 생각하나요? 그렇게 생각한 이유도 얘기해주세요.

....

....

....

....

PART 3

나의 황혼 이야기

'감사'에 관한 생각나무

제시된 단어를 보고 떠오르는 생각이나 느낌을 적어주세요.

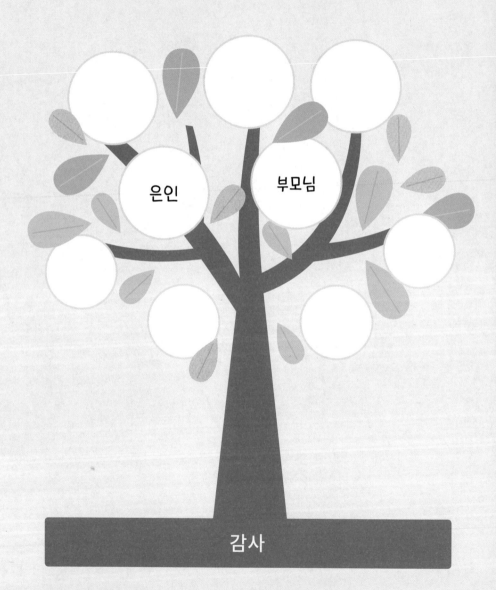

은인

부모님

감사

Q1 만약 사람을 찾아서 만나게 해주는 프로그램에 출연한다면 누구를 찾고 싶고, 그 이유는 무엇인가요?

....

....

....

....

Q2 살면서 감사한 분에게 감사를 표한 적이 있나요? 있다면 어떻게 했었는지, 없다면 지금 여기에 적어주세요.

....

....

....

....

Q3 앞에서 작성한 감사에 대한 생각나무를 토대로 떠오르는 일화나 추억을 자유롭게 적어주세요.

....

....

....

....

'결정'에 관한 생각나무

제시된 단어를 보고 떠오르는 생각이나 느낌을 적어주세요.

선택

차선책

결정

Q1 살면서 내가 내린 결정 중에서 큰 결심을 하고 내린 결정은 무엇이었나요?

....
....
....
....

Q2 **Q1**에서 말한 결정을 내릴 때 나의 심정은 어땠나요?

....
....
....
....

Q3 앞에서 작성한 결정에 대한 생각나무를 토대로 떠오르는 일화나 추억을 자유롭게 적어주세요.

....
....
....
....

'후회'에 관한 생각나무

제시된 단어를 보고 떠오르는 생각이나 느낌을 적어주세요.

실수

미안함

후회

Q1 살면서 가장 후회되는 일은 무엇인가요?

....
....
....
....

Q2 **Q1**에서 말한 순간으로 돌아간다면 무엇을 바꾸고 싶나요?

....
....
....
....

Q3 **Q2**에서 말한 것처럼 바꿨다면 그 상황은 어떻게 변했을 것 같나요?

....
....
....
....

'희로애락'에 관한 생각나무

제시된 단어를 보고 떠오르는 생각이나 느낌을 적어주세요.

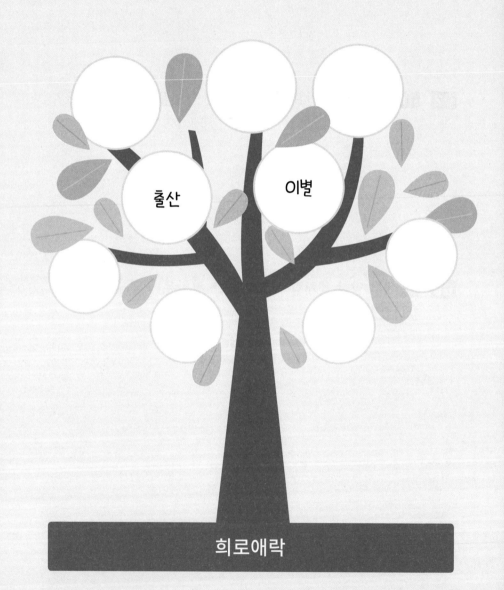

출산

이별

희로애락

Q1 현재까지 살면서 가장 행복했던 기억을 얘기해주세요.

....

....

....

....

Q2 현재까지 살면서 가장 슬프거나 힘들었던 기억을 얘기해주세요.

....

....

....

....

Q3 앞에서 작성한 희로애락에 대한 생각나무를 토대로 떠오르는 일화나 추억을 자유롭게 적어주세요.

....

....

....

....

'눈물'에 관한 생각나무

제시된 단어를 보고 떠오르는 생각이나 느낌을 적어주세요.

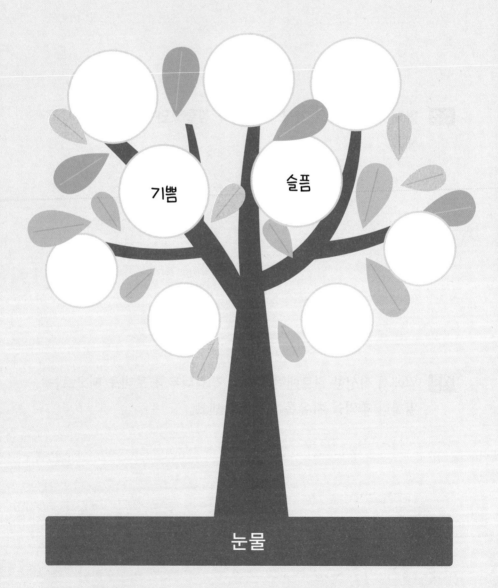

기쁨

슬픔

눈물

Q1 살면서 타인으로 인해 눈물을 흘렸던 순간 중에서 가장 기억에 남는 것은 언제인가요?

....
....
....
....

Q2 **Q1**에서 말한 일화를 생각한 이유가 있나요?

....
....
....
....

Q3 앞에서 작성한 눈물에 대한 생각나무를 토대로 떠오르는 일화나 추억을 자유롭게 적어주세요.

....
....
....
....

'추억이 담긴 물건'에 관한 생각나무

제시된 단어를 보고 떠오르는 생각이나 느낌을 적어주세요.

사진

편지

추억이 담긴 물건

Q1 현재 소유하고 있는 물건 중에서 제일 소중한 추억이 담긴 물건은 무엇인가요?

....

....

....

....

Q2 **Q1**에서 말씀하신 물건에 담긴 추억을 얘기해주세요.

....

....

....

....

Q3 앞에서 작성한 추억이 담긴 물건에 대한 생각나무를 토대로 떠오르는 일화나 추억을 자유롭게 적어주세요.

....

....

....

....

'과거'에 관한 생각나무

제시된 단어를 보고 떠오르는 생각이나 느낌을 적어주세요.

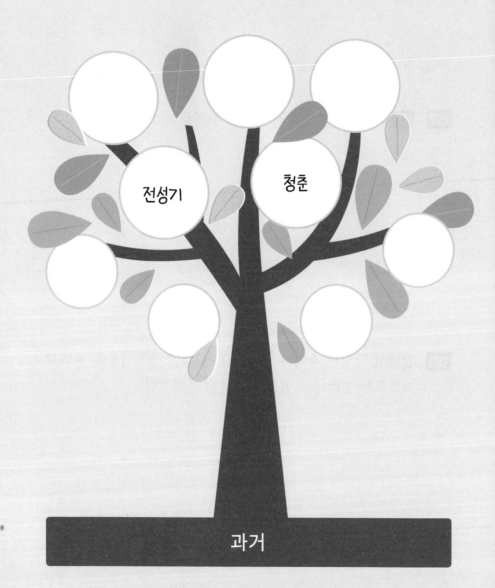

전성기

청춘

과거

Q1 만약 과거의 특정 시기의 나에게 조언을 해줄 수 있다면 어느 시기의 나에게 조언하고 싶나요?

....

....

....

....

Q2 과거에는 큰 고민이었지만 시간이 지난 뒤 현재 다시 생각해 보면 아무것도 아니었다고 생각되는 일은 무엇이 있나요?

....

....

....

....

Q3 앞에서 작성한 과거에 대한 생각나무를 토대로 떠오르는 일화나 추억을 자유롭게 적어주세요.

....

....

....

....

'상처'에 관한 생각나무

제시된 단어를 보고 떠오르는 생각이나 느낌을 적어주세요.

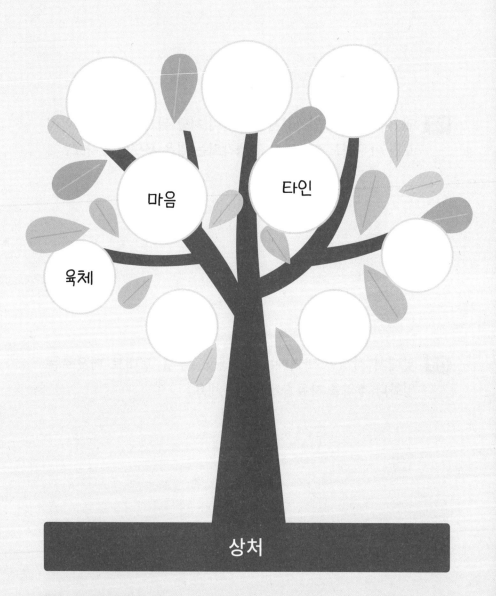

Q1 누군가에게 상처를 받았던 기억 중에서 가장 아팠던 순간은 언제인가요?

....

....

....

....

Q2 **Q1** 에서 말했던 기억에 대해 얘기해주세요.

....

....

....

....

Q3 앞에서 작성한 상처에 대한 생각나무를 토대로 떠오르는 일화나 추억을 자유롭게 적어주세요.

....

....

....

....

'시간'에 관한 생각나무

제시된 단어를 보고 떠오르는 생각이나 느낌을 적어주세요.

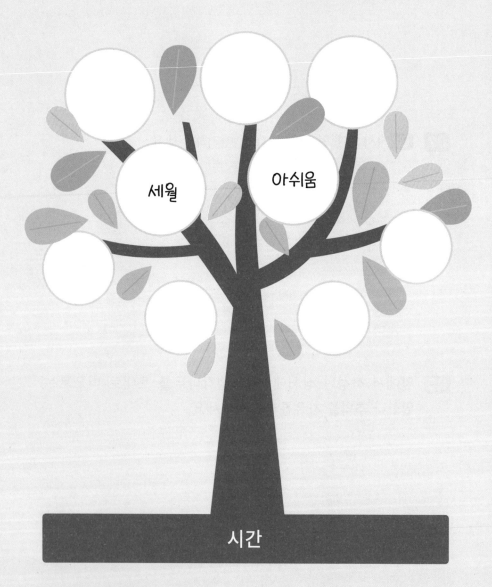

세월

아쉬움

시간

Q1 만약 누군가 타임머신으로 내가 원하는 순간으로 보내준다면 언제로 돌아가고 싶고, 그 이유는 무엇인가요?

....

....

....

....

Q2 살아오면서 흘러가는 시간이 아깝다고 느낀 적이 있다면 언제였나요? 또 그 이유는 무엇인가요?

....

....

....

....

Q3 내가 생각하는 시간이란 무엇이라고 생각하나요?

....

....

....

....

'꿈'에 관한 생각나무

제시된 단어를 보고 떠오르는 생각이나 느낌을 적어주세요.

악몽

태몽

꿈

Q1 살면서 꾼 꿈 중에서 아직도 생생하게 기억나는 꿈은 무엇인가요?

....

....

....

....

Q2 **Q1**에서 얘기한 꿈에 대한 해몽을 해주세요.

....

....

....

....

Q3 앞에서 작성한 꿈에 대한 생각나무를 토대로 떠오르는 일화나 추억을 자유롭게 적어주세요.

....

....

....

....

'나이'에 관한 생각나무

제시된 단어를 보고 떠오르는 생각이나 느낌을 적어주세요.

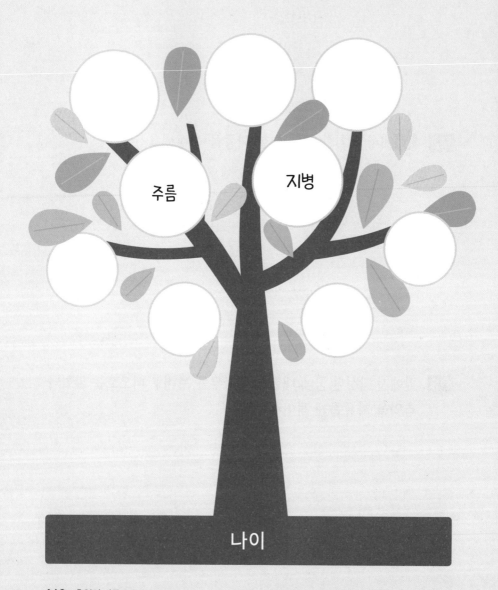

Q1 일상생활을 하면서 나도 이제 늙었다는 것을 느끼게 된 계기를 알려주세요.

....
....
....
....

Q2 30대, 40대의 나와 현재 나의 모습은 어떤 차이점이 있나요?

....
....
....
....

Q3 앞에서 작성한 나이에 대한 생각나무를 토대로 떠오르는 일화나 추억을 자유롭게 적어주세요.

....
....
....
....

'기회'에 관한 생각나무

제시된 단어를 보고 떠오르는 생각이나 느낌을 적어주세요.

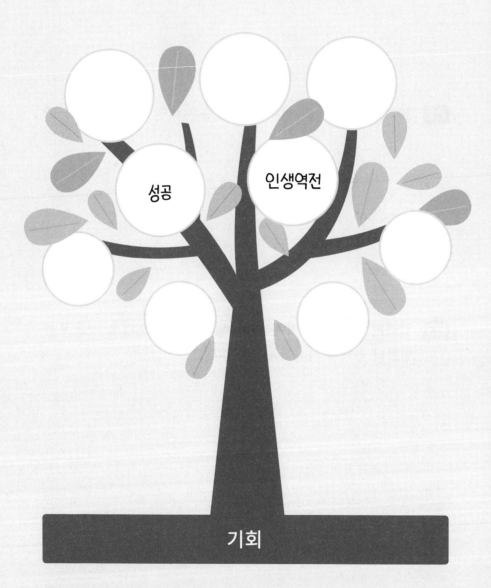

성공

인생역전

기회

Q1 인생에는 총 세 번의 기회가 온다고 하는데, 내가 생각하는 내 인생에서의 세 번의 기회는 언제인가요?

....

....

....

....

Q2 **Q1**에서 말한 그 기회들이 있을 때마다 나는 어떻게 행동했나요?

....

....

....

....

Q3 앞에서 작성한 기회에 대한 생각나무를 토대로 떠오르는 일화나 추억을 자유롭게 적어주세요.

....

....

....

....

'책임감'에 관한 생각나무

제시된 단어를 보고 떠오르는 생각이나 느낌을 적어주세요.

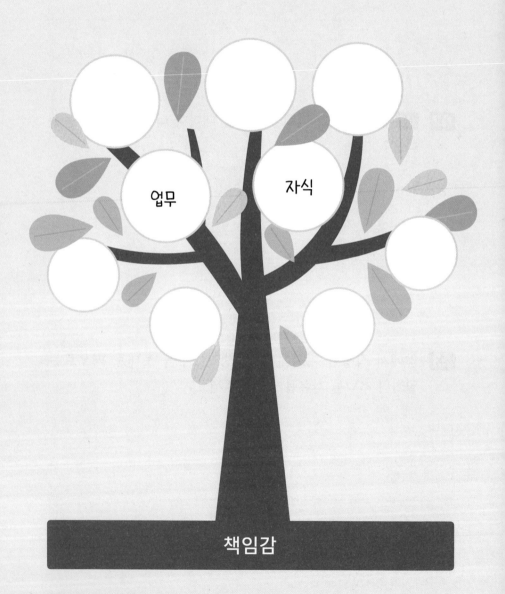

Q1 살면서 가장 큰 책임감을 느꼈던 순간은 언제인가요?

....

....

....

....

Q2 **Q1**에서 말한 당시에 느꼈던 책임감을 어떻게 끝까지 유지
했나요? 못 했다면 그 이유는 무엇인가요?

....

....

....

....

Q3 앞에서 작성한 책임감에 대한 생각나무를 토대로 떠오르는
일화나 추억을 자유롭게 적어주세요.

....

....

....

....

'입맛'에 관한 생각나무

제시된 단어를 보고 떠오르는 생각이나 느낌을 적어주세요.

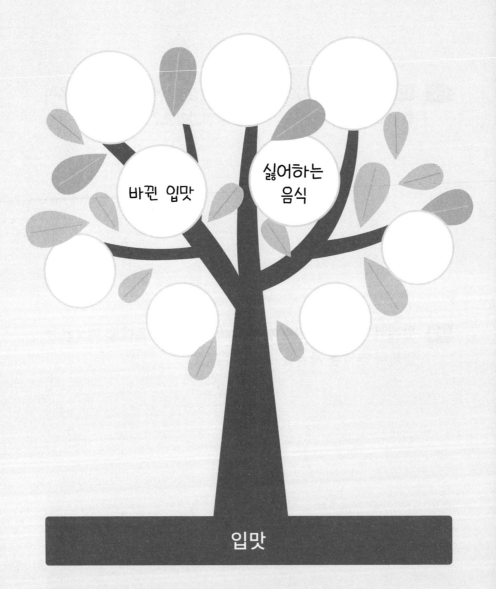

바뀐 입맛

싫어하는 음식

입맛

Q1 과거와 비교해서 현재 나의 입맛에는 어떠한 변화가 있나요?

....

....

....

....

Q2 과거에는 좋아하지 않았지만, 현재에는 없어서 못 먹는 음식이 있나요?

....

....

....

....

Q3 앞에서 작성한 입맛에 대한 생각나무를 토대로 떠오르는 일화나 추억을 자유롭게 적어주세요.

....

....

....

....

'자녀'에 관한 생각나무

제시된 단어를 보고 떠오르는 생각이나 느낌을 적어주세요.

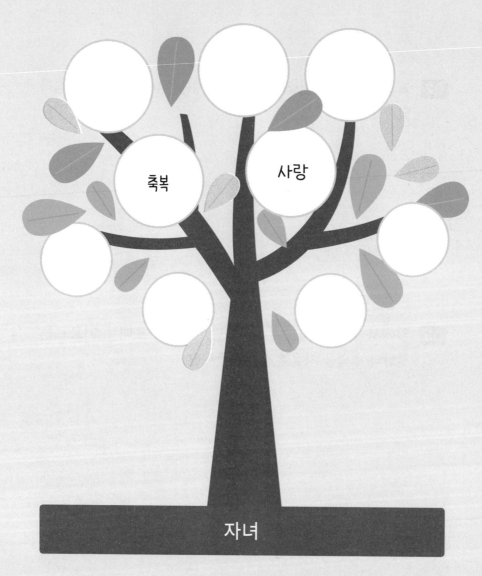

축복

사랑

자녀

Q1 자녀를 키우면서 기억에 남는 일화나 추억 3가지를 얘기해 주세요.

....

....

....

....

Q2 자녀에게 미처 전하지 못한 말이 있다면 적어주세요.

....

....

....

....

Q3 내가 부모님에게 받은 사랑만큼 나도 자녀에게 사랑을 주었다고 생각하나요?

....

....

....

....

'평판'에 관한 생각나무

제시된 단어를 보고 떠오르는 생각이나 느낌을 적어주세요.

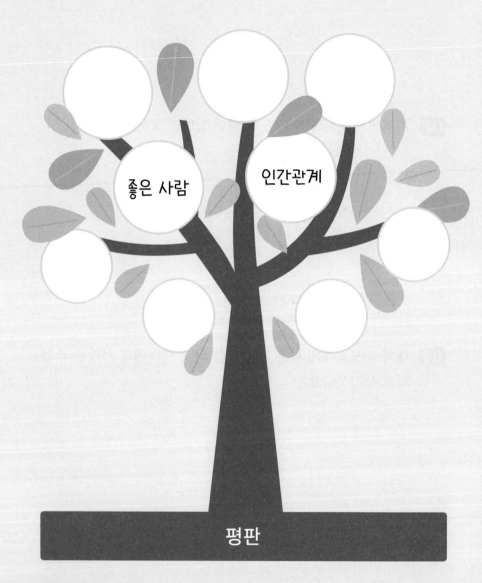

좋은 사람

인간관계

평판

Q1 타인이 나에 대해 한 말 중에서 기억에 남는 말이 있나요?
그 말을 들었을 때의 기분은 어땠나요?

....

....

....

....

Q2 **Q1**에서 타인이 나에 대해 그런 말을 하게 된 상황이나 행동이
있다면 무엇인가요?

....

....

....

....

Q3 지금까지 나의 행동에 점수를 매긴다면 몇 점인 것 같나요?
왜 그 점수인지에 대해서도 얘기해주세요.

....

....

....

....

'일상'에 관한 생각나무

제시된 단어를 보고 떠오르는 생각이나 느낌을 적어주세요.

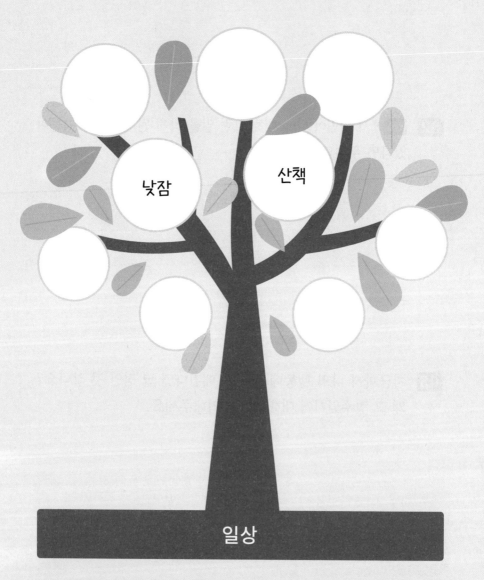

Q1 평상시에 보통 무엇을 하며 지내나요?

....

....

....

....

Q2 꾸준히 하는 습관이나 행동이 있다면 무엇인가요?

....

....

....

....

Q3 앞에서 작성한 일상에 대한 생각나무를 토대로 떠오르는 일화나 추억을 자유롭게 적어주세요.

....

....

....

....

'행복'에 관한 생각나무

제시된 단어를 보고 떠오르는 생각이나 느낌을 적어주세요.

돈

좋아하는
사람

행복

Q1 내가 생각하는 행복은 무엇인가요?

....

....

....

....

Q2 나를 행복하게 만드는 것은 무엇이고, 그것이 나를 행복하게 만드는 이유는 무엇인가요?

....

....

....

....

Q3 살면서 가장 행복했던 순간은 언제였나요? 그 순간이 가장 행복했던 이유는 무엇인가요?

....

....

....

....

'그리움'에 관한 생각나무

제시된 단어를 보고 떠오르는 생각이나 느낌을 적어주세요.

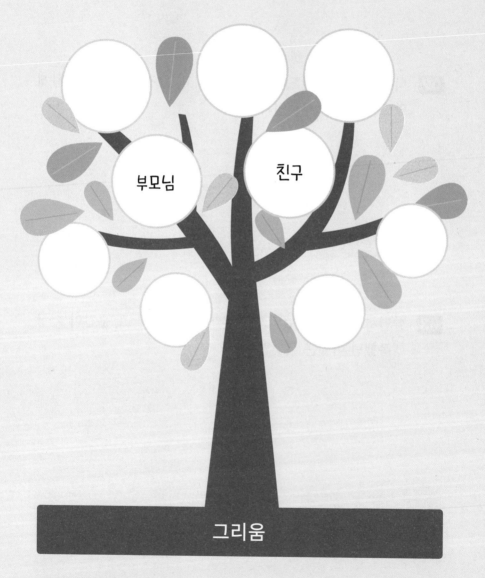

부모님

친구

그리움

Q1 현재 가장 보고 싶은 사람 3명과 그 이유를 알려주세요.

....
....
....
....

Q2 **Q1**에서 적은 3명 중 1명과 1시간 동안 만나게 된다면 누구와 어떤 얘기를 나누고 싶은가요?

....
....
....
....

Q3 인생을 살면서 누군가가 가장 그리운 순간은 언제였고, 그 사람이 가장 그리운 이유는 무엇인가요?

....
....
....
....

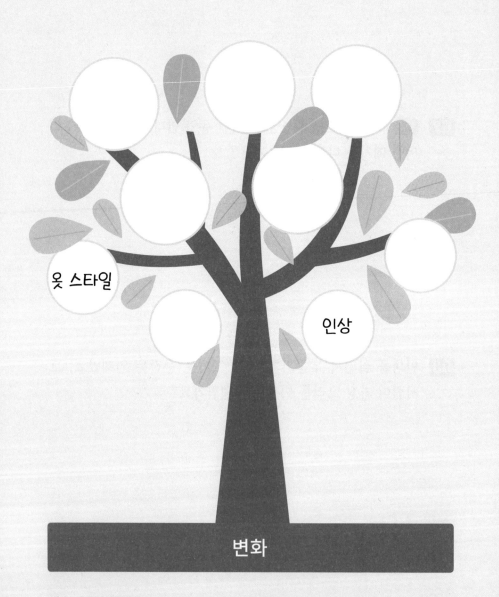

옷 스타일

인상

변화

Q1 현재 가장 바꾸고 싶은 것이 있다면 무엇인가요? 그것을 왜 바꾸고 싶은가요?

....
....
....
....

Q2 **Q1**에서 말한 것을 바꾸기 위해 노력해야 하는 것은 무엇일까요?

....
....
....
....

Q3 앞에서 작성한 변화에 대한 생각나무를 토대로 떠오르는 일화나 추억을 자유롭게 적어주세요.

....
....
....
....

'자연'에 관한 생각나무

제시된 단어를 보고 떠오르는 생각이나 느낌을 적어주세요.

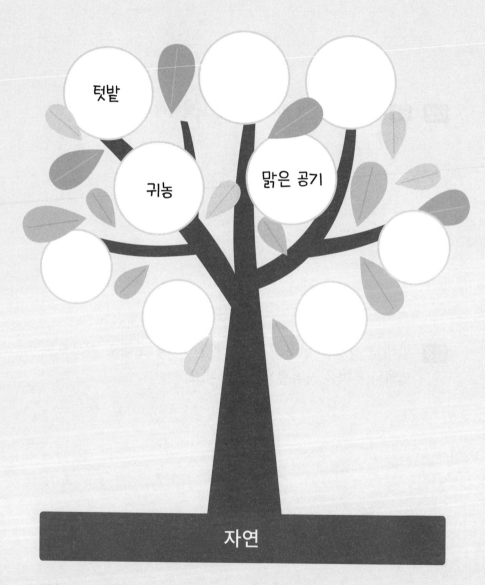

텃밭

귀농

맑은 공기

자연

Q1 'TV 프로그램 나는 자연인이다'에 나오는 출연자처럼 자연과 더불어 살게 된다면 어디서 어떻게 살고 싶나요?

....

....

....

....

Q2 조그만 텃밭을 하나 갖게 되어서 작물을 키우게 된다면 무엇을 키우고 싶나요? 그 작물을 고른 이유가 있나요?

....

....

....

....

Q3 앞에서 작성한 자연에 대한 생각나무를 토대로 떠오르는 일화나 추억을 자유롭게 적어주세요.

....

....

....

....

'취미'에 관한 생각나무

제시된 단어를 보고 떠오르는 생각이나 느낌을 적어주세요.

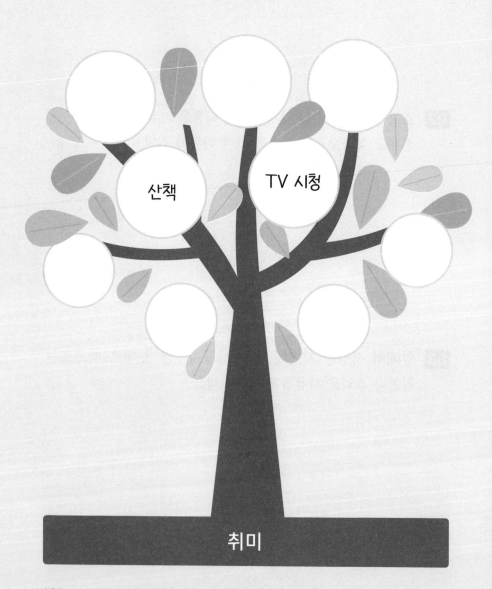

산책

TV 시청

취미

Q1 취미활동으로 해보고 싶은 것이나 현재 진행 중인 활동이 있나요? 해보고 싶은 이유나 하게 된 이유는 무엇인가요?

....
....
....
....

Q2 같은 취미를 공유하는 사람이 있다면 누구인가요? 없다면 같이 공유하고 싶은 사람은 누구이며 그 이유는 무엇인가요?

....
....
....
....

Q3 앞에서 작성한 취미에 대한 생각나무를 토대로 떠오르는 일화나 추억을 자유롭게 적어주세요.

....
....
....
....

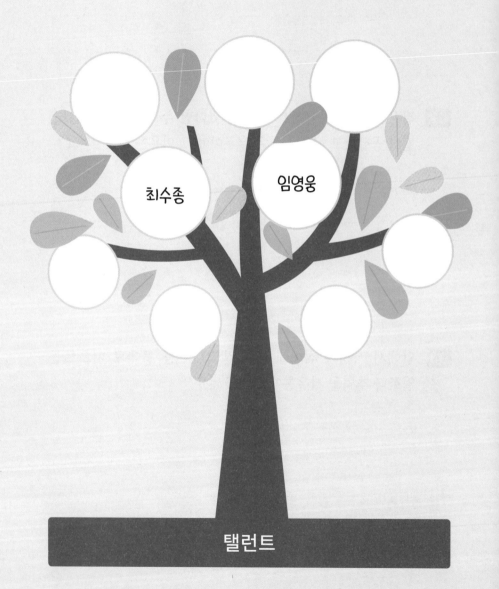

최수종

임영웅

탤런트

Q1 TV에 나오는 탤런트 중에서 좋아하는 인물 3명과 좋아하는 이유를 간단하게 적어주세요.

....
....
....
....

Q2 **Q1**에서 말한 3명이 나오는 방송을 어떤 계기로 보게 되었나요?

....
....
....
....

Q3 앞에서 작성한 탤런트에 대한 생각나무를 토대로 떠오르는 일화나 추억을 자유롭게 적어주세요.

....
....
....
....

'날씨, 계절'에 관한 생각나무

제시된 단어를 보고 떠오르는 생각이나 느낌을 적어주세요.

태풍

여름

날씨, 계절

Q1 가장 좋아하는 날씨나 계절은 무엇인가요? 그 날씨나 계절을 좋아하는 이유를 알려주세요.

....
....
....
....

Q2 **Q1**에서 말한 날씨나 계절과 관련된 추억이나 일화가 있다면 얘기해주세요.

....
....
....
....

Q3 앞에서 작성한 날씨에 대한 생각나무를 토대로 떠오르는 일화나 추억을 자유롭게 적어주세요.

....
....
....
....

'회자'에 관한 생각나무

제시된 단어를 보고 떠오르는 생각이나 느낌을 적어주세요.

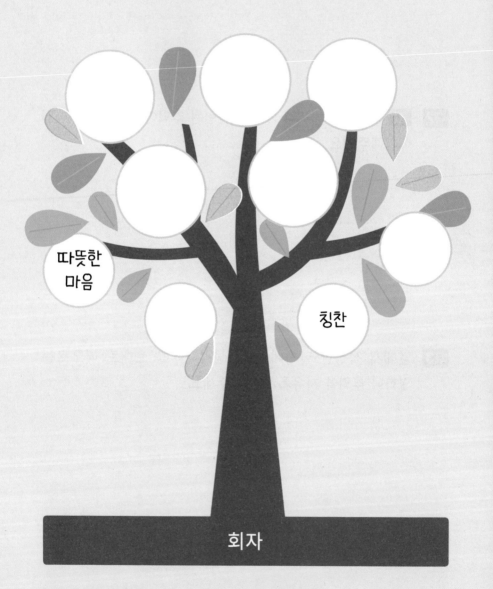

따뜻한
마음

칭찬

회자

Q1 내가 죽은 뒤 타인에게 어떤 인물로 회자되고 싶으며, 그 이유는 무엇인가요?

....
....
....
....

Q2 **Q1**에서 말한 인물로 불리기에 지금의 나는 합당하다고 생각하나요? 아니라면 무슨 노력을 해야 한다고 생각하시나요?

....
....
....
....

Q3 내가 죽은 뒤 내 묘비에 글귀를 새긴다면 어떤 글귀를 새기고 싶은지 얘기해주세요.

....
....
....
....

'건강'에 관한 생각나무

제시된 단어를 보고 떠오르는 생각이나 느낌을 적어주세요.

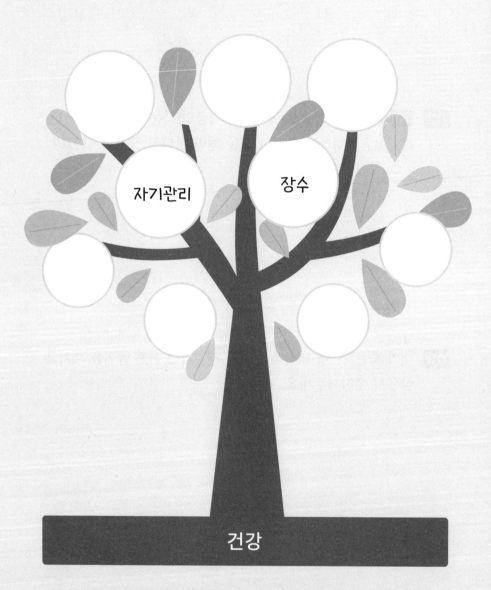

자기관리

장수

건강

Q1 평소에 건강을 위해 특별히 하는 운동 및 자기 관리비법이 있나요?

....
....
....
....

Q2 **Q1**에서 말한 방법을 하게 된 계기는 무엇인가요? 실제로 방법을 실천한 뒤 효과가 있나요?

....
....
....
....

Q3 앞에서 작성한 건강에 대한 생각나무를 토대로 떠오르는 일화나 추억을 자유롭게 적어주세요.

....
....
....
....

'인생'에 관한 생각나무

제시된 단어를 보고 떠오르는 생각이나 느낌을 적어주세요.

선택

좌우명

인생

Q1 '사람의 삶에는 정답이 없다'는 말이 있습니다. 내 삶에 만족하시나요? 만족하지 않는다면 그 이유는 무엇인가요?

....

....

....

....

Q2 인생을 살면서 수많은 선택의 갈림길에서 선택지를 고르는 자신만의 신념이나 기준이 있나요?

....

....

....

....

Q3 세상의 오직 하나뿐인 자신만의 인생을 한 문장으로 정의해 주세요!

....

....

....

....

'유언'에 관한 생각나무

제시된 단어를 보고 떠오르는 생각이나 느낌을 적어주세요.

마지막
인사

미안함

유언

Q1 죽기 전에 남기고 싶은 유언이 있다면 얘기해주세요.

....

....

....

....

Q2 만약 내가 죽기 전 10분의 시간이 주어진다고 하면 누구에게 어떤 말을 전하고 싶은지 얘기해주세요.

....

....

....

....

Q3 내가 죽고 난 이후 가족들이 '나를 기억해주는 것' 혹은 '나를 잊고 살아가는 것' 중 어떻게 지내는 게 좋다고 생각하시나요? 그렇게 생각한 이유도 알려주세요.

....

....

....

....

'죽음'에 관한 생각나무

제시된 단어를 보고 떠오르는 생각이나 느낌을 적어주세요.

병

평안함

죽음

Q1 내가 죽은 뒤 주변 사람들의 반응과 모습이 어떨지 상상해 보고, 본인의 생각을 얘기해주세요.

....

....

....

....

Q2 내가 생각하는 죽음은 어떤 의미인가요?

....

....

....

....

Q3 사람이 아닌 다른 모습으로 다시 태어난다면 무엇으로 태어 나고 싶으신가요? 그 이유를 얘기해주세요.

....

....

....

....

'격려'에 관한 생각나무

제시된 단어를 보고 떠오르는 생각이나 느낌을 적어주세요.

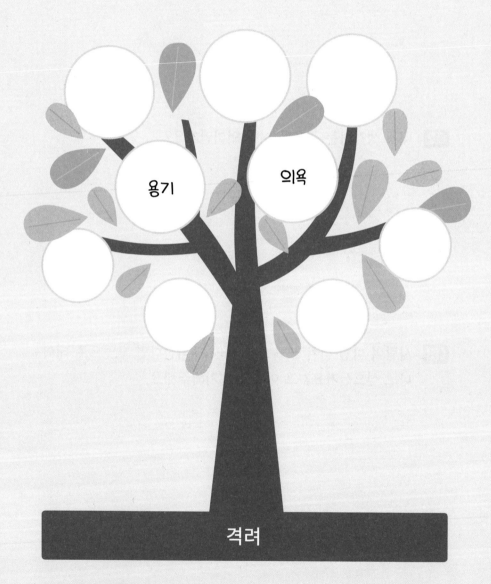

용기

의욕

격려

Q1 살면서 가장 기억에 남는 격려는 어떤 것이었나요?

....

....

....

....

Q2 타인에게 진심으로 격려를 해준 적이 있다면 언제인지, 어떤 내용이었는지 알려주세요.

....

....

....

....

Q3 지금까지 살면서 노력하고 고생한 자신에게 남기는 격려의 말을 적어주세요.

....

....

....

....

좋은 책을 만드는 길, 독자님과 함께 하겠습니다.

추억의 나무 Q&A

초 판 발 행	2023년 08월 30일(인쇄 2023년 06월 02일)
발 행 인	박영일
책 임 편 집	이해욱
저 자	유태곤
편 집 진 행	노윤재 · 유형곤
표지디자인	조혜령
편집디자인	조은아 · 곽은슬
발 행 처	(주)시대고시기획
출 판 등 록	제10-1521호
주 소	서울시 마포구 큰우물로 75 [도화동 538 성지 B/D] 9F
전 화	1600-3600
팩 스	02-701-8823
홈 페 이 지	www.sdedu.co.kr
I S B N	979-11-383-5282-6(13190)
정 가	9,000원